천천히 다정하게

## 천천히 다정하게

**초판 1쇄 발행** 2025년 9월 5일
**초판 5쇄 발행** 2026년 1월 2일

**지은이** 박웅현
**펴낸이** 김수진
**펴낸곳** (주)인티앤

**출판등록** 2022년 4월 14일 제2022-000051호
**이메일** editor@intiand.com
**인스타그램** @inti_n.pub

**편집** 김수진
**디자인** studio CoCo
**제작** 세걸음

ISBN 979-11-93740-16-3  03800

• 이 책은 저작권법에 따라 보호를 받는 저작물이므로 무단 전재와 무단 복제를 금합니다.

박웅현의

시

강독

천천히 다정하게

"행인들이 무신경하게 못 보고 지나치는 순간,
세계는 참을성 많은 관찰자에게 그 놀라운 모습을 드러낸다."

― 칼 폰 프리시

저자의 말

## 시를 일으켜 세우다

독자 분들과 다양한 방식으로 소통의 장을 마련하고 싶어 2023년에 '박웅현 살롱'을 만들고, 다양한 분야의 책을 골라 강독회를 진행하고 있습니다. 두 번째 강독회였던 '유발 하라리 함께 읽기' 마지막 날, 강독회에 참여한 분들과 간단히 소회를 나누는 자리를 가졌는데요. 그때 한 분이 시가 어렵다고, 어떻게 읽어야 할지 모르겠다고 하더군요. 그 이야기에 김종삼 시인의 〈묵화(墨畫)〉라는 시를 들려드리고 이 시를 어떻게 읽어야 하는지 짧게 말씀드렸습니다. 그러고 나서 다시 한번 〈묵화〉를 천천히 읊어 드렸습니다. 그 자리에 있던 모두가 시의 풍경 속에 잠시 머물렀던 것 같습니다.

시를 어떻게 읽어야 하는가. 이 질문에 대한 답을 찾는 분들에게 도움이 될 만한 책으로 김사인 시인의 《시를 어루만

지다》를 추천해 봅니다. 이 책 앞부분에는 "시를 읽는 것은 나의 온몸으로 시의 온몸을 등신대로 만나는 것이다"라는 이야기가 있습니다. 김사인 시인은 시를 읽으려면 글자로 읽지 말고 시를 내 몸과 같은 크기로 만들어 놔야 한다고 이야기합니다. 종이 위에 쓰인 시를 일으켜 세워 '등신대'로 만들라고요. 실제로 그의 말대로 시를 읽으면 시가 다르게 읽힙니다. 이 강독의 표제를 "시를 일으켜 세우다"라고 정한 이유입니다.

또 한 가지, 김사인 시인은 전기를 투입하지 않으면 음악을 들을 수 없는 것처럼 감정을 이입하지 않으면 시를 읽을 수 없다고 했는데, 이것이 핵심입니다. 시를 신문기사 읽듯이 읽으면 그 시가 온전히 읽히지 않습니다. 글은 종류에 따라서 읽는 속도를 달리해 줘야 합니다. 가장 빠른 속도로 읽을 수 있는 글은 신문기사와 같은 글이고, 밀도가 있는 책들은 조금 천천히 읽어 줘야 해요. 시는 시인이 고심 끝에 한 단어 한 단어 선택해서 완성한 글인 만큼 허투루 쓰인 단어가 없습니다. 밀도가 굉장히 높아요. 가장 느린 속도로 읽어 줘야 하는 글이 바로 시입니다.

그럼 방금 전에 말씀드린 김종삼 시인의 〈묵화〉를 읽어 보겠습니다.

물먹는 소 목덜미에

할머니 손이 얹혀졌다.

이 하루도

함께 지났다고,

서로 발잔등이 부었다고,

서로 적막하다고,

이제 이 시를 일으켜 세워 보겠습니다. 장소부터 정해 보죠. 저는 강원도 태백, 한때 번성했던 탄광촌을 떠올려 보았습니다. 한 2만 호 정도까지 자리잡았던 읍인데 폐광된 이후 사람들이 거의 다 빠져나가서 이제는 사는 사람이 천 명도 되지 않습니다. 그렇게 쓸쓸하게 변한 마을에서도 산길을 한 10분, 20분 걸어 올라가야 나오는 오두막이 하나 있고, 그곳에 할머니 한 분이 혼자 살고 있습니다. 마을 사람들도 할머니가 혼자 산다는 걸 압니다. 할아버지는 돌아가신 지 오래된 것 같고 가족도 없는 것 같아요. 할머니는 장날이면 산이나 밭에서 캔 쑥이며 달래, 무 같은 걸 가지고 내려와 팔곤 합니다. 그리고 할머니 집에는 할머니와 30년 가까이 함께한 소 한 마리가 있습니다. 이 소도 나이가 들어 다리를 절뚝거리죠. 그런데도 할머니가 새벽에 일어나서 일하면 소도 이른 시간부터 함께 나가 일합니다. 할머니가 모래알 씹듯이 하루를 사는 것처럼 이 소도 하루하루 힘겹게 버티며 살아갑니다. 그렇게 할머니와 소는 함께 세월을 보내왔습니다.

그런 어느 하루, 할머니가 일을 마치고 집에 돌아와 외양간에 소를 묶어 놓고 오늘 하루도 고생했다고 소 목덜미를 쓸어내립니다. "그래 누렁아, 너도 아픈 몸 이끌고 오늘 하루 고생 많았다" 이런 의미가 담긴 손길이었겠지요. 그 장면을 김종삼 시인이 잡아냅니다. 그런 장면을 상상하며 이 시를 천천히 다시 읽어 볼까요?

물먹는 소 목덜미에
할머니 손이 얹혀졌다.
이 하루도
함께 지났다고,
서로 발잔등이 부었다고,
서로 적막하다고,

할머니의 쓸쓸함이 좀 더 느껴지나요? 이 같은 시 읽기에 대한 이야기를 두 번째 강독회 마지막 날 뒤풀이 자리에서 하게 된 겁니다. 그 자리에 함께 있던 분들이 시 강독을 하면 좋겠다고 해서 용기를 내보았습니다. 그리고 그렇게 진행되었던 시 강독의 시간을 이렇게 글로 묶어 내게 되었습니다. 《책은 도끼다》가 다른 책으로 가는 다리가 되어 주었듯이 이 책이 시를 향한 가교가 되어 주기를 바라는 것은 아닙니다. 그럴 수 있다면 무척 고마운 일이지만, 지금은 이런 시들이 있고 이런 시선이 있다는 것을, 이런 시 읽기도 있다는 것을 편히 나눌 수 있다면 그것만으로도 충분하지 않을까 합니다.

원고를 모두 정리해두고 편집자와 책 제목을 고민하던 즈음, 딸의 생일을 맞아 딸에게 이런 메시지를 적어 주었습니다. "나에게는 단단하게, 남에게는 부드럽게." 살아가는 동안 자기 내면은 단단하게 다져 나가야 하겠지만 살아가면서 사람과 자연, 세상에 대해서는 '다정함'이 필요하다는 생각이 들었기 때문입니다. 그 후에 생각해 보니 시를 읽는 데 필요한 태도와 살아가는 데 필요한 태도가 비슷하다고 생각했습니다. '느림'과 '다정함'이 필요하다고요. 그래서 이 책의 제목을 "천천히 다정하게"로 정해 보았습니다.

앞으로 진행될 시 강독은 제가 읽은 스무 권 정도의 시집들 중에서 줄을 치고 따로 기록해 놓은 시들이 중심이 될 겁니다. 여러 시인의 시를 다루기보다 제가 좋아하는 김사인, 이문재, 반칠환 등 몇몇 시인의 시들을 주로 말씀드리게 될 것 같고, 시 전문을 옮긴 것도 있고 제가 주목한 시 구절만 옮긴 것도 있습니다. 다만 기형도, 서정주, 천상병 시인을 비롯해 몇몇 시인의 작품들은 저작권 문제로 수록하지 못했습니다. 편집자와 함께 이 부분에 대해 상의한 끝에 작품은 싣지 못하더라도 제 생각은 남겨 보기로 했습니다. 여러분이 제 이야기를 듣고 해당 작품이 궁금해져서 그 시를 찾아 읽어 본다면 그 또한 좋은 일이라고 생각했기 때문입니다.

그리고 이 같은 시와 제 생각들을 시선, 묘사, 자연, 인생 등의 테마로 나누어 정리해 보았지만 이 역시 어디까지나 제 기준입니다. 앞으로 들려드릴 이야기는 박웅현은 시를 이렇게 읽어 냈구나, 시의 이 부분에 주목했구나 정도로 참고하고 여러분 자신에게 그 시가 어떻게, 어떤 방향으로 읽히는지 살펴보면 좋을 것 같습니다.

"시를 읽는 데에도, 살아가는 데에도
느림과 다정함이 필요합니다.
그리고 때로는 자기 자신에게도
천천히 다정하게 다가서 보면 좋겠습니다."

| 차 |
| 례 |

저자의 말 | 시를 일으켜 세우다 • 007

## 1  시인의 시선을 만나다

자연과 사물을 향한 시선 　　　— 022
사람을 향한 시선 　　　　　　— 042
몸을 향한 시선 　　　　　　　— 052

## 2  묘사와 재치의 힘

일시적인 것에 대한 연민, 소멸적인 것에 대한
구원 　　　　　　　　　　　　— 068
기형도 시인이 묘사한 시대상 　— 086
시가 그리는 가난의 풍경 　　　— 100
재치의 힘 　　　　　　　　　　— 112

## 3 자연과의 대화

자연에 말을 걸다, 자연이 말을 걸다     — 134
생의 순환을 바라보며     — 150

## 4 인생을 담다

인생의 풍경     — 178
사랑의 풍경     — 218
삶을 대하는 자세     — 230
힘겨운 시간을 보내는 이들에게     — 266

시집들 · 278

# 1

## 시인의 시선을 만나다

여기에 제가 써 놓은 메모가 하나 있습니다.

늘 거기 있는 것을 주목해 보아 삶의 즐거움을 하나 더 만드는 것. 그것이 나이 들어가는 일이다. 잘 익어 가자.
— 14년 8월 9일 오후

시선이 중요한 이유가 여기에 있는 것 같습니다. 새로운 것을 찾아 여기저기 기웃거리는 게 아니라 늘 거기 있던 것인데 그전에는 시선을 주지 않았던 것들을 주목해서 그것을 삶의 즐거움으로 만들어 낼 수 있다면 즐거움이 자꾸 많아지지 않겠어요? 이것이 제대로 나이 들어가는 것이라고 생각합니다.

나이가 드니 감기도 자주 걸리고 체력도 떨어지고 주름도 늘어납니다. 어쩔 수 없는 일입니다. 그래서 사람들은 나이 들면 아쉬운 것, 싫은 것을 더 크게 보는 것 같은데 그러기만 하면 나이 드는 게 좋아질 수 없습니다. 하지만 나이는 무조건 드는 것이니 나이 들면서 좋아지는 것도 있어야 하지 않겠어요? 저는 60대가 되고 보니 20대에는 없던 새로운 시선이 생겼습니다. 40대에는 아무것도 아니었던 게 60대가 되니 고마워집니다. 지혜롭게 나이 들어간다는 것은 늘 거기에 있고 그전에는 주목하지 않았던 무엇인가를 바라보면서 고마워하거나 즐거워하는 일이 더 많아진다는 겁니다. 이것이 중요하지 않은가 싶습니다.

제가 《책은 도끼다》를 비롯해 여러 책에서 자주 이야기했지만 그런 시선을 가지는 데 도움을 주는 분들은 내가 가지지 않은 시선을 가진 사람들입니다. 이를 테면 시인이나 화가 같은 사람들이죠. 김종삼 시인의 〈묵화〉를 읽고 나면 시골 풍경을 유심히 들여다보게 됩니다. 화가 샤르댕의 그림을 보고 나면 집에서 보내는 일상이나 집 안의 물건들을 그냥 지나치게 되지 않습니다.

샤르댕은 부엌에 있는 식기, 걸쇠에 걸린 햄, 마당에서 뛰어노는 닭, 주방에서 생선을 훔치려는 고양이 같은 일상적인 풍경을 그렸습니다. 외젠 들라쿠르아의 〈민중을 이끄는 자유의 여신〉 속 자유를 상징하는 여성이나 그리스 신화 속 한 장면, 성경 속 기적이 일어나는 순간처럼 예술의 소재로 많이 선택되는 대상이 아니라 일상의 순간, 별것 아닌 사물을 주목해 캔버스에 담아 냈죠. 심지어 그게 너무 아름답고요. 그의 작품을 보고 있으면 우리 삶 속에 예술이 있다는 생각이 듭니다. 일상에서 평범하게 마주치는 것들을 예술로 볼 것인지, 아무것도 아닌 무엇으로 볼 것인지는 그것을 바라보는 시선에 달려 있습니다.

제가 외부에서 강연할 때 종종 강연 주제로 '생활 인문학'이라는 말을 씁니다. 우리 각자가 어떤 직업을 가졌든 간에, 우리가 학자가 아니어도 삶에 인문학이 필요한 이유를 말씀드리기 위함입니다. 여러 번 이야기하지만 인문학적인 시선을 가지면 우리가 가진 객관적 조건을 바라보는 주관적 시선이 달라집니다. 책이나 시를 읽는다고 해서 만원 버스와 지하철을 타고 출근하는 아침이, 팀장에게 혼나는 상황이, 점심시간이 모자라서 삼각김밥을 먹는 객관적 상황이 바뀌지는 않습니다. 그러나 그 같은 조건 속에서도 김사인 시인처럼 어느 한순간 떨어지는 낙엽 한 장에 위로 받을 수 있습니다. 시인과 같은 시선이 우리 내부에 쌓이기 시작하면 우리도 매일 평범한 하루 속에서도 예술을 건져 낼 수 있습니다.

그럼 이제부터 제가 발견한 시인의 시선을 여러분과 함께 나눠 보고자 합니다.

시인과 같은 시선이
우리 내부에 쌓이기 시작하면
우리도 매일 평범한 하루 속에서도
예술을 건져 낼 수 있습니다.

자연과 사물을 향한 시선

이도 저도 마땅치 않은 저녁
철이른 낙엽 하나 슬며시 곁에 내린다

그냥 있어볼 길밖에 없는 내 곁에
저도 말없이 그냥 있는다

고맙다
실은 이런 것이 고마운 일이다

김사인, 〈조용한 일〉 전문

제 경험을 살려 이 시를 등신대로 세워 보겠습니다. 계절은 초가을쯤이고, 한 경쟁 프레젠테이션에서 떨어진 날입니다. 다른 프레젠테이션도 준비해야 하는데 이런저런 아이디어를 내보지만 이렇다 할 만한 게 잡히지 않아요. 내가 정말

이 일을 그만두고 말지, 하는 생각이 드는 마땅치 않은 저녁입니다.

이어지는 회의 사이, 잠시 머리를 식힐 겸 밖으로 나와 가로수 옆에 섰습니다. 담배를 피우지 않으니 그저 멍하니 서서 '너무 힘들다' 하고 있을 뿐이죠. 그런데 그때 나뭇잎 한 장이 툭, 제 발 옆으로 떨어집니다. 이제 가을 초입이니 나뭇잎으로서는 너무 일찍 떨어진 셈이에요. 이 이별은 사별입니다. 다른 잎들은 아직 다 살아 있는데 이 이파리만 제 의사와 상관없이 가지에서 툭, 하고 떨어진 것이고 그것으로 끝입니다. 하지만 그렇다고 해서 낙엽이 왜 하필 나만 이렇게 일찍 떨어진 거야, 하며 소리치지 않아요. 그저 말없이 있을 뿐입니다. 그 낙엽을 들여다보고 있자니 '아, 그래. 사는 게 뭐 다 그런 거지. 뜻대로 되는 게 어디 있겠어' 하는 위로를 받습니다. 그러고 나니 이 낙엽에 고마워집니다. 시인은 진짜 고마운 일이란 이런 낙엽 하나가 주는 위로, 그런 '조용한 일'이라고 말하는 것이죠. 김사인 시인의 이 시가 아니었다면 떨어지는 나뭇잎 한 장을 주목하지 못했을 겁니다.

우리는 낮에 하늘을 보면서 '오늘 하늘이 파랗네' '구름이 많네' 생각하지 그 너머에 있는 별을 떠올리지는 않습니다. 한낮에는 별이 보이지 않으니까요. 그렇다고 별이 존재하지 않는 것은 아닙니다. 낮이어서 우리 눈에 보이지 않을 뿐이죠. 그런데 천상병 시인은 보이지 않는 별을 봅니다. 그는 〈한낮의 별빛〉이라는 시에서 낮에는 보이지 않는 별빛을 보고 있는지 우리에게 묻습니다. 한낮에는 별이 보이지 않지만 사실 저 하늘에는 별들이 있지, 별들이 지금은 낮이라서 잠들어 있구나, 밤이면 깨어나겠구나, 시인은 생각한 겁니다. 그래서 "애기처럼 고이 잠든 한낮의 별빛을 너는 보느냐" 하고 묻는 것이죠. 즉 그런 시선을 가지고 있는지를 묻는 겁니다. 이 시의 이 한 구절을 알기 전과 후의 우리는 다를 겁니다. 한낮의 파란 하늘을 보면서도 그 너머에 있는 별을 꿈꿀 수 있지 않을까요?

이철수 선생의 《마른 풀의 노래》라는 판화집에는 죽어서 마른 풀들을 주목한 작품이 여럿 실려 있는데, 표지로 쓰인 작품에는 이런 문구가 함께 새겨져 있어요. "대승사 산신각 아래 마른 풀 열매가 부르는 겨울 노래를 나는 이렇게 들었다." 한겨울 마른 풀을 그 누가 주목하겠습니까? 그런데 이

철수 선생은 들여다본 겁니다. 심지어 그 풀이 노래하는 소리를 들었다고 하고요. 바로 이런 시선을 가지고 오고 싶습니다.

   그의 작품을 만나고 김사인 시인의 〈풍경의 깊이〉를 만난 이후에는 종종 길에 핀 들풀을 사진으로 남기곤 합니다. 그렇게 찍어둔 들풀 사진이 제 휴대폰에 많이 담겨 있어요. 쓰레기 더미 옆에서도, 조각 난 보도블록 틈새에서도 한 생명은 최선을 다해서 태어나 기를 쓰고 살아냅니다. 그 모습을 보고 있으면 아, 나도 하루를 잘 보내야겠다, 생각하게 되죠.

바람 불고
키 낮은 풀들 파르르 떠는데
눈여겨보는 이 아무도 없다.

그 가녀린 것들의 생의 한순간,
이 외로운 떨림들로 해서
우주의 저녁 한때가 비로소 저물어 간다.

김사인, 〈풍경의 깊이〉 중에서

민들레는 꽃이 지고 나면 씨앗이 촘촘히 달린, 작고 동그란 솜뭉치 같은 것이 꽃이 있던 자리에 생기죠. 사람들은 그걸 꺾어 불기도 하고요. 하지만 재미있어서 그렇게 할 뿐 그 상태에 닿기까지의 민들레의 노력을 헤아리는 사람이 누가 있겠어요. 그런데 이문재 시인은 민들레는 꽃 피우는 봄부터 가벼워지는 데 몰입한다고 말합니다. 씨앗을 바람에 날려 보내야 하니까요. 만약 씨앗에 물기가 남아 있다면 무거워서 바람을 탈 수 없을 겁니다. 그래서 만나는 순간 헤어짐을 준비하는 것이고요. 시인이 아니면 누가 이런 생각을 할까요?

지난 봄부터 민들레가 집중한 것은 오직 가벼움이었다
꽃대 위에 노란 꽃을 힘껏 밀어올린 다음, 여름 내내 꽃 안에 있는 물기를 없애왔다 물기가 남아 있는 씨앗은 바람에게 들켜 바람의 갈피에 올라탈 수가 없다 바람에 불려가는 씨앗은 물기의 끝, 무게의 끝이었다

(…)

이별은 어느 날 문득 찾아오지 않는다 만나는 순간, 이미 이별도 출발한다

이문재, 〈민들레 압정〉 중에서

다음의 시가 이야기하고 있는 대상이 무엇일 것 같나요? 한번 상상해 보세요.

꿈의 하늘을 향해서 서서히 솟아오르던 녹색 분수
(…)
시멘트국에 볼모로 잡혀온 자연국의 사신처럼 나무가 산다
(…)
시멘트가 나무 반지
나무 목걸이를 하고 뽐낸다 시멘트가 나무를 다스린다

함민복, 〈지구의 근황〉 중에서

나무는 나무인 것 같은데 그냥 나무를 말하는 것 같지는 않습니다. 시멘트국이라는 건 대체 뭘까요? 자연국의 사신이라니요?

함민복 시인이 바라보고 있는 것은 도로변의 가로수입니다. 가로수는 시멘트 길, 보도블록으로 다져진 길에 일정한 간격으로 심겨 있습니다. 이걸 두고 나무는 자연국의 존재인데 시멘트 나라에 볼모로 잡혀 왔다고 표현한 겁니다. 게다

가 가로수는 관리를 위해서 나무마다 번호표를 달아 두기도 하는데, 나무 반지, 나무 목걸이를 했다는 것은 그 번호표를 말하는 것이죠. 나무가 죄 지은 것도 아닌데 수인 번호처럼 번호를 단 겁니다. 그래서 시인은 나무를 애도한다고 말합니다. 평소에 많은 가로수를 지나치는데 그 나무들을 이렇게 바라본 적이 있나 싶습니다.

초록은 연두가 얼마나 예쁠까?
(…)
연두는 초록의 어린 새끼
어린 새끼들이 부리를 하늘로 향한 채
일제히 재잘거리는 소란스러움으로 출렁이는 숲을
초록은 눈 떼지 못하고 내려다본다

도종환, 〈연두〉 중에서

봄에 소나무나 잣나무 같은 침엽수가 가득한 숲에 가 보신 적 있나요? 봄이면 침엽수 가지 끝에 새잎이 올라옵니다. 오랜 잎은 깊고 진한 초록이지만 그 끄트머리에 새로 올라온

초록은 연둣빛이죠. 오랜 잎들에게 그 새로 태어난 연둣빛은 '초록의 어린 새끼'라는 겁니다. 오랜 잎들이 보기에 얼마나 흐뭇하겠어요. 게다가 그 같은 나무들이 늘어선 숲에서 모든 가지 끝의 연둣빛 새순들은 하늘을 향해 있을 거 아니겠어요? '어린 새끼들이 부리를 하늘로 향한 채 일제히 재잘거리는 소란스러움으로 출렁이는 숲을 초록은 눈 떼지 못하고 내려다본다'라는 것은 그 풍경을 말하는 겁니다.

  이 시에서 시인은 "초록은 연두가 얼마나 예쁠까?" 하고 물어요. 봄이면 만물이 깨어나 시끄럽기도 하지만 봄은 어린 아이들이 집 밖으로 나와 놀기 시작하는 계절이기도 하죠. 그 아이들이 노는 모습을 어른들은 흐뭇하게 바라보는 계절이기도 하고요. 봄, 침엽수 가지 끝에 올라온 새잎과 오래된 잎을 함께 바라보고 이 같은 이야기를 그려낸 시인의 시선에 끄덕이게 되지 않나요?

  내 접시 위에 이 자연의 뒤섞임이란!
  나의 형제들인 풀들,
  나의 동료들인 샘물들, 아무도
  기도를 올리지 않는 성인들 ……

사람들은 그걸 꺾어서 우리 식탁으로 가져오고
호텔에선 시끄러운 숙박객들이
돌돌 묶인 담요를 메고 도착해서는
별 생각 없이, "샐러드"라고 주문한다.

페르난두 페소아, 〈샐러드〉 중에서

이 시를 읽은 이후 샐러드를 그냥 먹게 되지 않습니다. 내 형제인 풀들, 내 동료인 샘물들이라고 생각하게 되고, 경건한 마음으로 먹게 되죠. 몽테뉴는 내가 맞는 모든 순간을 경건하게 보내는 것이 인생을 제일 잘 사는 방법이라고 했습니다. 걷고 있다면 경건하게 걸어야 합니다. 샐러드를 먹고 있다면 경건한 마음으로 먹어야 하죠. 이런 시들을 읽고 나면 눈에 보이는 것을 무심하게 보게 되지 않고 먹는 것도 허투루 먹게 되지 않습니다. 잠시 잊고 있다 가도 이런 시를 만나면 '아, 그렇지!' 하며 다시 보고 다시 듣게 되죠. 순간을 더 경건하게 음미하게 됩니다. 毋不敬(무불경). 경건하게 보지 않을 게 아무것도 없습니다.

이번에 만나볼 시는 반칠환 시인의 〈폐정(廢井)〉이라는 시입니다. 폐정이란 없어진 우물입니다. 예전에는 물이 찰랑거리는 우물이었겠지만 지금은 다 말라 아무것도 남아 있지 않습니다. 여기에 시인의 상상이 덧입혀집니다. 이 우물이 마르지 않았을 때는 어땠을까 상상해 보는 것이죠.

한때는 우물에 물이 가득했을 겁니다. 그 물 위에서 소금쟁이와 미꾸라지가 헤엄쳤을 것이고, 가난한 아낙들이 물동이를 머리에 이고 나와 물을 길었을 거예요. 지금은 아무것도 살지 않고 아무도 찾지 않는 우물이지만 그런 날이 있었을 겁니다. 시인은 그런 어느 날을 떠올려 보고는 달님도 제 얼굴 비추던 손거울 하나 잃었다고 덧붙입니다. 우물에 물이 차 있었을 때는 밤이면 그 물 위에 달이 비쳤을 것이고, 그래서 그 우물이 달님의 손거울이라고 본 겁니다. 하지만 이제 우물에 물이 없으니 달은 손거울 하나를 잃은 셈이라는 것이지요.

마른 우물에 마른 샘물만 그득하다
없는 소금쟁이와 없는 미꾸리가 헤엄치니
빈집 사는 없는 아낙들이
없는 동이 이고 나와 샘물을 긷는다

(…)

　달님도 제 얼굴 비추던 손거울 하나 잃었다

반칠환, 〈폐정〉 중에서

　폭풍우가 심하게 휘몰아치면 나무가 뽑히는 일이 종종 있습니다. 그럴 때 보면 가지도 부러지고 뿌리가 다 드러나 있어요. 그렇게 드러난 오동나무 뿌리에 시인의 시선이 닿습니다.

　간밤 폭풍우에 뿌리째 뽑힌
　오동나무의 흙 묻은 맨발을 보았다

　우리가 잠든 밤에도 물길을 찾아
　불빛 들지 않는 골짜기
　끝까지 헤매 다녔을 부르튼 발길

　가지마다 이파리들을 달고
　일평생 걸어왔을 오동나무를 생각하니

비단을 이고 이 마을 저 마을 다니던
어머니가 눈에 밟혀왔다

송종찬, 〈맨발〉 전문

송종찬 시인은 몸을 드러낸 나무 뿌리를 보고 '흙 묻은 맨발'이라고 이야기합니다. 그 뿌리가 어떤 뿌리이겠어요. 살기 위해서, 가지마다 달린 이파리들을 키우기 위해서 물을 빨아들이려고 땅속 깊이, 멀리 여기저기로 헤매 다니던 뿌리였을 겁니다. 시인은 그걸 보고 평생 먹고살기 위해서 자식을 키우기 위해서 이 마을 저 마을로 비단 팔러 다니던 어머니가 생각났다는 겁니다. 오동나무도 어머니의 마음이었겠구나, 싶고요.

한편 뿌리가 살기 위해 땅속을 헤맸다는 이야기를 하다 보니 칼 세이건의 《코스모스》의 한 구절이 생각났는데요. "나무는 햇빛을 생존의 동력으로 삼는 위대한 기계다. 땅에서 물을 길어 올리고 공기 중에서 이산화탄소를 빨아들여 자신에게 필요한 음식물을 합성할 줄 안다." 이 문장이 너무 좋았습니다. 우리는 식물을 정체되어 있다고 생각하지만 생각해 보면 정말 대단한 기계입니다. 뿌리가 물을 찾아 올리고, 햇빛을 받고 이산화탄소를 흡수해 생장에 필요한 것을 만들어 내니까요.

이번에는 바늘과 실 이야기입니다. 바늘은 사실 바람둥이입니다. 이 실 저 실 다 만나고 다니니까요. 그런데 어떤 실 하나가 이야기합니다. 바늘의 선택을 받았을 때 너무 좋았다고요. 바늘과 실이 함께 하는 일이 무엇이겠어요. 직물의 뜯어진 곳을 꿰매는 일이잖아요? 바늘과 힘을 합쳐서 그 일을 완수한 게 너무 좋았는데, 이 다음에는 바늘이 다른 실을 선택할 걸 알겠어요. 그러면 이제 자신은 잊히겠죠. 심지어 바늘은 새로운 실과도 세월이 지나면 헤어질 것이고, 또 다른 실을 데리고 올 거예요. 그래도 한때 바늘에게 나라는 실이 있었다는 것을 바늘이 기억해 주길 바란다는, 실의 애틋한 마음입니다.

당신을 따라 뜯어진 천을 기울 땐
철없이 즐겁기만 했었지요

이제 당신은 떠나고 우리가 함께했던

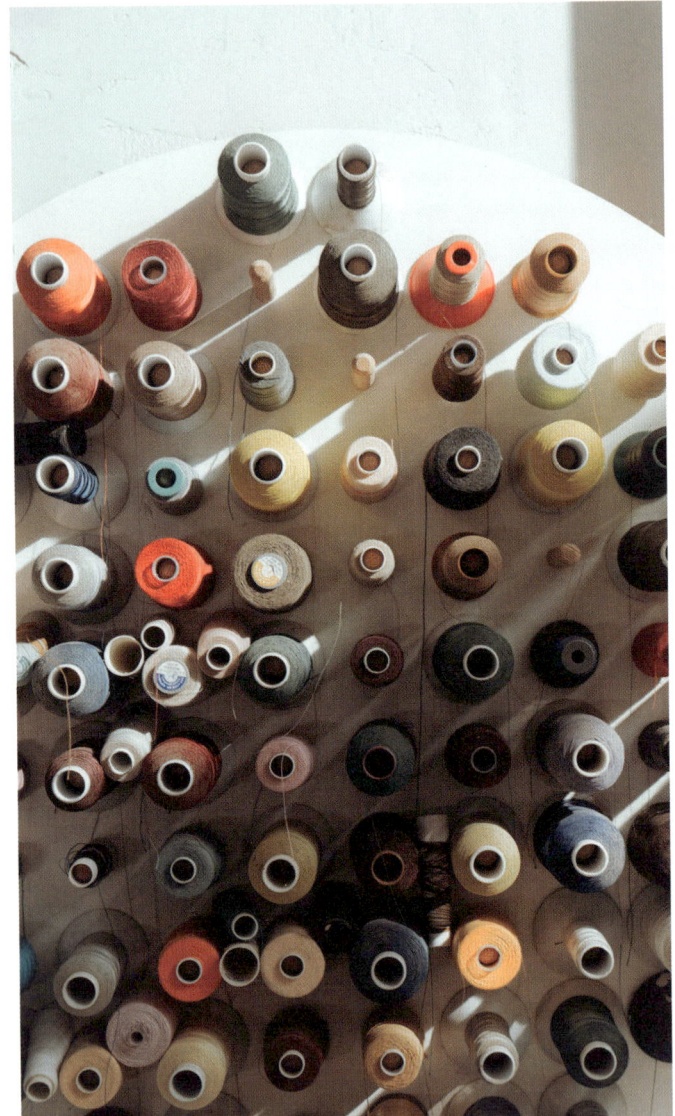

시간만 한 땀 한 땀 남았습니다.

이렇게 당신을 그리워하며 살다가
그에 내 몸이 다 해지면

당신은 또다른 실을 데리고
저와 같이 지났던 이 길을 가겠지요

그때 당신이 저를 그리워만 해주신다면
그때 당신이 저를 그리워만 해주신다면

함민복, 〈실이 바늘을 그리워하며〉 전문

한 녹슨 쟁기의 도도한 서사를 한번 들여다볼까요? 몇 년 동안 사용하지 않아 녹이 슬었고 버려진 쟁기입니다. 고철이라면 닥치는 대로 사 가는 고물장수조차 눈을 주지 않는, 볼 것이 아무것도 없는 대상입니다. 그런 쟁기가 마당 한구석에 내버려진 채 세월이 갑니다. 주인도 이제는 나이가 들어 더는 농사 짓지 않고요. 그러니 녹슨 쟁기는 이제 주인의 손주

들이 찾아오는 명절 때나 되어야 잠깐이나마 관심을 받습니다. 아이들은 이게 뭔가 하며 궁금해하고, 이게 쟁기라는 거래, 하며 사진 찍을 거예요. 그런 순간에도 아이들의 손길에 녹이 떨어지고, 쟁기는 그렇게 매년 더 녹슬고 볼품없어질 겁니다. 전남진 시인은 그 모습을 보며 쟁기가 한때 자기가 잘나가던 시절을 회상하는 것 같다고 느꼈나 봅니다. 이 녹슨 쟁기에 시인의 감성을 밀어 넣어 봅니다. 그렇게 도도한 쟁기의 서사 하나가 만들어집니다.

쟁기는 녹슬어 몇 년을 세워져 있다.
소용없는 것도 한곳에 오래 있으면
함부로 버리지 못하는 힘을 가지는 것일까
철기시대 마지막 전사 같은 쟁기
고물장수도 오지 않는다
골동품을 닥치는 대로 사가던 그 사람도
저것은 가져가지 않았다
새벽 들길 나설 때부터 몸 누일 때까지
해가 다르게 늙어가시는 할아버지 곁에서
할아버지의 일생을 지켜보았다
명절이면 유물처럼

아이들의 호기심과 함께 사진을 찍고

소 없는 빈 외양간 흙벽에 낡은 흑백사진처럼 기대어

발아래 떨어지는 녹을 물끄러미 쳐다본다

할아버지의 젊은 팔이 쟁기를 끌던 그때

그 당당했던 세월은 이제

아이를 보는 할머니처럼

명예퇴직한 가장처럼

한쪽 귀퉁이를 얻어 살고 있을 뿐이다

전남진, 〈꿈꾸는 쟁기〉 중에서

사람을 향한 시선

적막천지

한밤중에 깨어 앉아

그 여자 머리를 감네

올 사람도 갈 사람도 없는 흐린 불 아래

제 손만 가만가만 만져보네

김사인, 〈늦가을〉 중에서

　　적막한 한밤중에 한 여자가 혼자 머리를 감고 있는 장면입니다. 이 시의 앞쪽에는 여자에 대해 이렇게 설명하고 있습니다. "그 여자 고달픈 사랑이 아파 나는 우네 불혹을 넘어 손마디는 굵어지고 근심에 지쳐 얼굴도 무너졌네." 마흔이 넘은 나이, 여자는 남편이거나 연인인 남자를 뒷바라지하느라 손마디가 굵어지고 근심도 깊어서 자기를 돌볼 여력이 없습니다. 남자가 아마도 속을 많이 썩이는 것 같고요. 그런데도 여자는 그 남자를 사랑하는가 봐요. 그러니 이 여자의 사랑은 고달프고 그 사랑이 안타까울 수밖에요. 시인은 이 여자가 적막한 한밤중에 혼자 쪼그리고 앉아 머리 감는 장면에 시선을 보냅니다. 올 사람도 갈 사람도 없는 그런 밤에 흐린 불 아래에서 자기 손을 가만히 만져 보는 여자를요. 이 장면을 천천히 떠올려 보면 여자의 외로움과 고달픔이 느껴집니다. 이 여자의 외로움을 표현하기 위해서 시인이 선택한 단어들은 '적막한' '한밤중' '흐린 불' '가만가만' 같은 것들입니다.


    57번 버스 타고 집에 오는 길
    여섯살쯤 됐을까 계집아이 앞세우고
    두어살 더 먹은 머스마 하나이 차에 타는데
    꼬무락꼬무락 주머니 뒤져 버스표 두 장 내고
    동생 손 끌어다 의자 등에 쥐어주고
    저는 건드렁 손잡이에 겨우겨우 매달린다
    빈 자리 하나 나니 동생 데려다 앉히고
    작은 것은 안으로 바짝 당겨앉으며
    '오빠 여기 앉아' 비운 자리 주먹으로 탕탕 때린다

'됐어' 오래비자리는 짐짓 퉁생이를 놓고
차가 급히 설 때마다 걱정스레 동생을 바라보는데
계집애는 앞 등받이 두 손으로 꼭 잡고
'나 잘하지' 하는 얼굴로 오래비 올려다본다

안 보는 척 보고 있자니
하, 그 모양 이뻐
어린 자식 버리고 간 채아무개 추도식에 가
술한테만 화풀이하고 돌아오는 길
내내 멀쩡하던 눈에
그것들 보니
눈물 핑 돈다

김사인, 〈오누이〉 전문

어린 자식을 두고 죽은 지인의 추모식에 다녀오는 길입니다. 사연이야 알 수 없지만 술한테만 화풀이를 하고 돌아왔다고 하는 걸 보면 고인의 죽음이 자연한 것은 아니었을 겁니다. 더욱이 두고 간 자식들이 어리다고 하니 이른 죽음이었겠지요. 시인은 그의 추모식에 다녀오는 버스에서 한 어

린 오누이를 보게 됐고, 그 아이들이 주고받는 대화와 교감을 주목합니다. 어린 오누이가 너무 예쁘면서도 그 아이들을 보며 죽은 지인과 남겨진 그의 어린 자식들이 떠올랐을 겁니다. 그래서 눈물이 나는 것이고요. 이 장면을 상상하면 애틋하면서도 슬퍼요. 이런 장면을 20대에는 잡아내지 못했을 것 같은데 나이가 드니 잡아내게 됩니다. 40대였어도 이 장면을 상상하고 눈물이 핑 돌 것 같지 않은데 지금은 마음이 울립니다. 이럴 때면 나이 들 만하다는 생각이 듭니다.


이번에 이야기해 드릴 시는 천상병 시인의 〈아가야〉인데요. 앞서 말씀드린 것처럼 천상병 시인의 시는 직접 담지 못하고 시에 대한 제 이야기만 담아 봅니다. 우선 이 시의 풍경은 이렇습니다. 뭔가 일이 풀리지 않는지 낙심 가득한, 그다지 성공하지 못한 듯 보이는 중년의 남자가 해 뜨기 전 새벽에 사직 공원 길을 걸어가고 있습니다. 그런데 한 장면이 그의 눈에 들어옵니다. 그 이른 시간에 서너 살쯤 되어 보이는 어린아이가 문 밖에서 슬프게 울고 있는 겁니다. 남자는 아이가 왜 집 대문 밖에서 '유리 같은 손'으로 문을 두드리며 울고 있을까 생각해요. 아마도 자다가 이불에 오줌을 쌌거나 하는 실수로 엄마에게 혼나고 집에서 쫓겨난 게 아닐까 짐작하죠. 그러면서 아이에게 무심해지지 못하고 자꾸 뒤돌아봅니다.

하지만 풀리지 않는 자신의 일과 실패한 인생을 이리저리 곱씹던 남자로서는 아이가 자기만큼 힘들 거라는 생각은 들지 않아요. 그는 아이에게 독백처럼 넋두리하듯이 말하죠. 어린 너가 인생의 무엇을 안다고 그렇게 우니? 무슨 슬픔을 당했다고, 괴로움이 얼마나 아픈지 깨우쳤다고 우니? 정처 없이 헤매는 이 아저씨도 울지 않는데, 하면서요. 하지만 슬픔의 무게는 각자의 주관적인 무게인 것 아니겠어요? 초콜릿을 빼앗기고 우는 아이의 슬픔이 연봉이 깎인 어른의 슬픔보다 작다고 할 수 없다고 하잖아요.

남자는 아이를 향해 너는 엄마가 있지만 나는 엄마도 없고 나를 받아줄 사람도 없는데 뭘 우니, 울지 마, 하면서도 그 아이의 울음이 그냥 지나쳐지지 않습니다. 너무 힘들고 지쳐서 눈물조차 나지 않던 남자는 서럽게 우는 아이를 보고 꾹꾹 눌러 참던 감정이 울컥 터져 나오고 맙니다.


전철역에서 한 번쯤 보신 적 있을 겁니다. 할머니들이 집에서 키운 채소를 가지고 나와서 신문지를 깔고 좌판을 벌이고 종일 앉아 있는 모습을요. 그런 노인을 주목하는 사람은 거의 없습니다. 요즘은 재래시장에서도 드문 풍경이고 무엇보다 도심의 지하철 역사 안에 벌인 좌판에서 파는 채소를 사는 사람은 더 흔하지 않을 겁니다. 더욱이 2호선과 3호선 환승역사라면 얼마나 사람이 많겠어요. 종일 사람들은 할머니를 피해서 바쁘게 움직이고, 할머니는 그 인파 속에도 덩그러니 앉아 있죠. 그 모습을 전남진 시인이 잡아냅니다. 저는 시 구절 속 "자갈처럼 물살을 가르며 늙은 여인이 앉아 있다"라는 이 표현이 마음에 남았습니다.

   3호선에서 2호선으로
   2호선에서 3호선으로
   갈아탈 전철을 향해 흘러가는 사람들 속에
   자갈처럼 물살을 가르며 늙은 여인이 앉아 있다
   검은 흙이 묻은 더덕을
   신문지 위에 올려놓고 있다

전남진, 〈검은 흙〉 중에서

대학 본관 앞

부아앙 좌회전하던 철가방이

급브레이크를 밟는다.

저런 오토바이가 넘어질 뻔했다.

청년은 휴대전화를 꺼내더니

막 벙글기 시작한 목련꽃을 찍는다.

이문재, 〈봄날〉 중에서

  아무도 주목하지 않을 장면입니다. 대부분 배달하는 오토바이에 대한 인상이 그리 좋지 않죠. 거칠고 위험하게 운전하는 경우가 많으니까요. 이 배달 기사에 대한 시인의 시선도 처음에는 크게 다르지 않은 것 같습니다. 대학 본관 앞은 많은 학생이 걸어 다니는 곳인데 그런 곳에서 배달 오토바이가 "부아앙" 소리를 내며 좌회전하다가 "급브레이크"를 밟았어요. 심지어 그러다 넘어질 뻔했고요. 부정적인 시선이 느껴집니다. 그런데 반전이 일어납니다. 이 배달 기사인 청년이 오토바이를 세우고 휴대전화를 꺼내서 막 봉오리가 맺히기 시작한 목련 꽃을 찍는 겁니다. 조금이라도 더 빨리 배달하겠다고 급하게 오토바이를 몰던 사람이 왜 갑자기 급브레이크를 밟았나 했더니 꽃 사진을 찍으려던 거였어요. 배달하는 청년에게도 꽃을 주목하는 시선이, 봄을 맞는 마음이 있는 것이죠. 저는 청년의 이런 순간을 시적인 순간이라고 봅니다.

제가 느끼기에 또 한 가지 시적인 순간이 있다면 그 장면을 잡아낸 시인의 시선입니다. 그냥 지나칠 수도 있는 청년의 모습을 보고 아, 저 배달하는 청년 안에도 꽃을 발견하는 시선이 있구나, 너무 예쁘다, 하고 잡아냈으니까요.

몸을 향한 시선

〈연인〉이라는 영화 아시나요? 마그리트 뒤라스의 소설이 원작인 영화인데, 내용을 짧게 말씀드리면, 아버지를 따라 인도차이나에 오게 된 프랑스인 10대 소녀가 부유한 중국인 성인 남자를 만나 연인이 되는 이야기입니다. 영화 속에 이런 장면이 있습니다. 소녀가 이 남자와 차 뒷좌석에 앉아 어디인가 가고 있어요. 두 사람이 대화를 나누는데 의자에 얹힌 소녀의 손과 남자의 손이 조금씩 가까워지다가 손가락이 닿습니다. 화면에는 소녀와 남자의 손이 클로즈업되어 담기고, 이내 남자가 소녀의 손을 잡아요. 이 장면을 두고 김화영은 《바람을 담는 집》에서 이렇게 묘사합니다.

> "검은색 모리스 레옹-볼레 자동차의 그 서늘한 실내, 뒷좌석 시트 위를 쓸면서 다가가는 손가락의 떨림, 손 위에 손이 포개진다. 하프 소리가 마음을 흔든다. 열다섯 살은 떨면서 불길에 휩싸인 눈을 감는다. 어찌 눈을 뜬 채 이 두렵고

도 황홀한 손의 감촉 속에 그 여리고 작은 손을 맡겨놓을 수 있겠는가. 손가락들이 다른 손가락 둘과 깍지를 낀다. 눈감은 열다섯 살의 입술이 저절로 벌어지고 어느새 검은 자동차는 빠르게 춤추듯이 숲길을 달린다."

이 묘사가 너무 좋아서 기억하고 있습니다. 손 하나 잡는 게 이렇게 대단한 일입니다. 그래서 잠시 사람의 '몸'에 주목한 시 몇 편을 살펴보려고 합니다.

손가락이 떨리고 있다.
손을 잡았다 놓친 손
빈손으로 돌아가지 못하고 있다.
사랑이 나간 것이다.
조금 전까지 어제였는데
내일로 넘어가버렸다.

이문재, 〈사랑이 나가다〉 중에서

왕가위 감독의 〈화양연화〉라는 영화에는 남녀 주인공이

헤어지는 장면이 있는데, 두 사람이 악수를 합니다. 이별의 악수입니다. 악수가 끝나면 서로 손을 풀게 되잖아요? 그렇게 풀린 여자의 손이 갈 곳을 찾지 못하고 공중에서 머뭇거립니다. 이 순간을 왕가위 감독이 잡아냅니다. 갈 곳 없이 허공에서 떨리는 여자의 손을요. 바로 "손을 잡았다 놓친 손 빈손으로 돌아가지 못하고 있다" 이 구절과 같습니다. "조금 전까지는 어제였는데 내일로 넘어가버렸다"라는 것은, 조금 전 손을 잡고 있을 때까지만 해도 연인이었는데 손을 놓는 순간 연인이 아니게 되었다는 이야기입니다. 이 손을 놓고 맞을 내일은 두 사람이 연인이 아닐 테니까요.

감정을 다 밀어 넣고 있습니다. 천천히 읽어 줘야 합니다. 손가락이 떨리고 있다고 하면 그 장면을 상상해 보고, 손을 잡았다가 놓친 손이라고 하면 '아, 손을 놓았다는 거구나' 짐작해 보고, 빈손으로 돌아가지 못하고 있다고 하면 잡은 손을 놓고 싶지 않았는데 놓아서 어쩔 줄을 모르고 있는 거구나, 그 순간 손이 외로움을 느끼겠구나 헤아려 보는 거예요. 그러고 나면 그 순간 사랑이 끝났다는 것을 시인은 '사랑이 나간 것'이라고 표현했구나, 하고 이해하게 됩니다.

무릎이 구부러지는 건
세상의 아름다운 걸 보았을 때
굽히고 경배하라는 것이고,
세상의 올곧지 못함을 보았을 때
솟구쳐 일어나라는 뜻이다

때를 가리지 못함이 무릇 몇 번이던가

반칠환, 〈때 1〉 전문

무릎에 시선을 던져 본 적 있나요? 대부분 무릎은 무릎일 뿐이고 나이 들고 나서는 관절염은 없으면 좋겠다, 정도 생각하지 않을까 해요. 그런데 반칠환 시인은 우리에게 무릎이 있는 이유는 세상 아름다운 것을 보면 굽히고 경배해야 하고 불의를 보면 벌떡 일어나야 하기 때문이라고 말합니다. 그러고는 살아가며 그 때를 가리지 못한 일이 얼마나 많았는가 하고 묻습니다.

개인적인 친분이 있는 진광 스님과 1시간 반 가까이 차를 타고 함께 이동할 일이 있었는데 그때 그분이 저에게 이런 질문을 하더군요. "선생님, 몸의 중심이 어디인지 아십니까?" 그 물음에 몸의 중심이 머리인가 가슴인가 하며 답을 찾고 있는데 스님이 다시 말씀하시기를, "몸의 중심은 아픈 곳입니다"라는 겁니다. 발가락이 아프면 발가락이 중심이고, 손가락이 아프면 손가락이 중심이고, 가슴이 아프면 가슴이 중심이래요. 들자마자 동의가 되었습니다. 치통이 있으면 내 모든 생각의 중심이 치아로 갑니다. 무릎이 아프면 온 생각의 중심이 무릎으로 가죠. 어떻게 하면 아픈 이가 덜 아플 수 있을까, 무릎 통증을 덜 수 있을까 고민하며 움직이게 되니까요. 결국 몸의 중심은 아픈 곳이 되는 겁니다.

제가 옛날에 쓴 카피가 하나 있는데, 그 카피는 팔리지 않았어요. "디스크는 잘못된 자세의 합이다." 동의 되시는지요? 오랫동안 잘못된 자세를 가졌기 때문에 디스크가 생깁니다. 다리를 꼬고 오랜 시간 앉아 있으면 허리가 아파요. 아프고 나서야 자세를 바로잡으려고 애쓰죠. 덕분에 좀 괜찮아졌다 싶고 그렇게 지내다 몇 달 후에 보면 어느새 다시 예전 자세를 취하고 있어요.

이문재 시인도 비슷한 이야기를 시에 담아 냈습니다. 허리가 아픈데 이제 좀 그만 아팠으면 좋겠어요. 시인은 그걸 두고 "마음이 통 몸 밖으로 나가려 하지 않는다"라고 표현합니다. 예를 들어 요통이 없으면 단풍이 너무 예쁘다, 노랗고 붉고 정말 아름답다, 하고 느낄 수 있지만 허리가 아프니 온통 신경이 허리에 쏠려요. 그러니 마음이 몸 밖으로 나가지 않는다는 것이죠. 그래서 요추 3, 4, 5번에게 사과하고 이제 잘하겠다고, 바른 자세로 있겠다고 믿어달라고 사정합니다. 부부 싸움한 뒤에 아내에게 보내는 문자 메시지처럼요. 먼저 잘못하지 않았으면 싸울 일이 없고 아내에게 그런 문자를 보내지 않아도 되는데요.

마음이 통 몸 밖으로 나가려 하지 않았다.
요추 3번 4번 5번에게 조심스럽게 말을 걸었다.
미안하다 다 내 잘못이다 앞으로 잘할 테니 믿어달라.
부부싸움한 뒤 아내에게 보내는 문자메시지와 똑같았다.
(…)
그러고 보니 산다는 것은 척추를 곧추세우는 것이었다.
중력을 이겨내며 땅을 딛고 일어나 두 발로 서는 것
삶은 다리 허리 머리가 수직해 있는 만큼 삶이었다.
수직이 수평으로 돌아가 있는 만큼 죽음이었다.
(…)

하루에도 수십 번씩 수신 메시지를 확인하지만
집 나간 허리는 도무지 연락이 없다.

이문재, 〈허리에게 말 걸기〉 중에서

"그러고 보니 산다는 것은 척추를 곧추세우는 것이었다. 중력을 이겨내며 땅을 딛고 일어나 두 발로 서는 것. 삶은 다리 허리 머리가 수직해 있는 만큼 삶이었다. 수직이 수평으로 돌아가 있는 만큼 죽음이었다" 하는 생각도 허리 아프기 전에는 해본 적 없습니다. 그러니까 아픈 곳을 중심으로 생각이 다시 구성되는 겁니다.


마지막으로 들려드릴 시는 조향미 시인의 〈국화차〉입니다. 말린 국화를 찻물에 띄워서 마시는 국화차를 마셔 보았다면 상상할 수 있을 겁니다. 마른 국화 한 송이가 뜨거운 물에 닿으면 천천히 꽃잎을 열죠. 그 마른 꽃이 되기까지 국화는 인적 드문 산 길에서 햇살을 받았을 것이고, 풀벌레 소리도 들었을 겁니다. 그 모든 기운을 안고 찻물에서 몸을 푸는 것이고 그걸 우리가 마시고 있는 겁니다. 그 작은 움직임에는 마른 꽃 하나가 보낸 시간이 다 담겨 있습니다. 차 한 잔을 마셔도 그냥 마시는 것과 작은 것에도 주목하며 마시는 것은 다를 겁니다.

찬 가을 한 자락이
여기 환한 유리잔
뜨거운 물속에서 몸을 푼다
인적 드문 산길에 짧은 햇살
청아한 풀벌레 소리도 함께 녹아든다
언젠가 어느 별에서 만난
정결하고 선한 영혼이
오랜 세월 제 마음을 여며두었다가
고적한 밤 등불 아래
은은히 내 안으로 스며 든다
고마운 일이다

조향미, 〈국화차〉 전문

여기까지가 이번에 함께 나눌 시 이야기였습니다. 지금 있는 자리에서 혹은 걸어가는 길에서 마주치는 것들을 어제와

다르게 유심히 들여다보고, 그 속에서 지금까지와는 조금 다른 것들을 발견하실 수 있다면 좋겠습니다.

# 2

## 묘사와 재치의 힘

박웅현 살롱에서 베토벤의 〈크로이처 소나타〉를 함께 감상하는 음악감상회를 한 적이 있습니다. 그때 피아노와 바이올린의 연주가 마치 한 남녀가 연애하는 것 같다고 말씀드렸었는데요. 곡 감상이 끝나고 의견을 나누는 자리에서 어떤 분은 이 곡을 들으며 무주 구천동의 풍경이 떠올랐다고 했습니다. 같은 음악을 들어도 각자 떠올리는 장면이 다를 수 있고 서로 다른 풍경을 나눌 수 있어 좋았습니다.

시 역시 마찬가지입니다. 같은 시를 읽고도 서로 다른 구절이 마음에 닿을 수 있고 다른 장면을 떠올릴 수 있습니다. 이번 시간에는 묘사와 재치라는 테마를 잡아보았습니다만, 이는 설명하고자 하다 보니 나누게 된 범주일 뿐 큰 의미는 없습니다. 다시 한번 말씀드리지만 제가 들려드리는 이야기는 어디까지나 저의 시 읽기입니다.

"묘사, 일시적인 것에 대한 연민. 소멸적인 것에 대한 구원."

제가 좋아하는 밀란 쿤데라의 글입니다. 언제 보아도 멋진 문장입니다. 묘사라는 평범한 단어에 대해 이렇게 멋진 해석을 붙이다니요. 묘사는 일시적인 것을 잡아두기 위한 방법입니다. 소멸되는 것을 살아 있게 하죠. 묘사하지 않으면 흘러가고 맙니다. 어떤 장면, 어떤 순간을 묘사해 두면 그 장면, 그 순간은 영원히 살아남습니다.

오늘 소개해드릴 시들은 '묘사'에 주목한 작품들입니다. 소멸해버릴 수도 있었을 어떤 순간, 어떤 장면이 시인의 묘사 덕분에 생생하게 살아 있음에 대해 이야기해 보려고 합니다. 그 대상은 대부분 우리가 주목하지 않는 것들입니다.

일시적인 것에 대한 연민,
소멸적인 것에 대한 구원

저는 춘천에 있는 미군 부대에서 군 생활을 했습니다. 카투사라고 하죠. 그 시절 한 달에 한 번 외출 나가는 토요일 아침을 무척 좋아했습니다. 금요일 근무를 끝내고 다음 날 외출 나갈 것을 생각하면 설렜어요. 보통 토요일 새벽에 기차를 탔는데, 서울에서 시간을 더 많이 보내고 싶기도 했지만 이른 새벽에 경춘선 기차를 타고 가며 보는 풍경이 정말 좋았거든요. 기차는 의암댐이 있는 지역을 지나 북한강을 따라 달리고, 이른 새벽에 출발하면 기차 안에서 강에 물안개가 피어오르는 걸 볼 수 있어요. 그래서 그런지 물안개라고 하면 그 시절 그 새벽의 경춘선만 생각납니다.

강가나 호숫가에 물안개가 짙으면 강물이 잘 보이지 않습니다. 그러다 안개가 쓱 걷히면 강물이 보이기 시작합니다. 새벽이 지나고 이른 아침이 오면 안개가 걷힌 물 위로 아침 햇살이 비치고 윤슬이 반짝거리는 걸 볼 수 있습니다. 이문재 시인은 그 풍경을 "물안개가 증발하고 나자 호수는 힘껏 이른 아침을 받아들이고 있었다"라고 표현했는데 실제로 그 장면을 보면 정말 아름답습니다. 그런데 그 순간은 잠깐입니다. 해가 완전히 뜨면 풍경이 달라지거든요. 아마도 이 한 구절이 없었다면 새벽 기차를 타고 서울 가는 길, 물안개가 피어오르는 북한강의 모습을 다시 떠올리기 어려웠을 거예요. 이 시를 읽을 때마다 그 시절 새벽 찰나에 제가 본 북한강의 풍경이 눈앞에 그려집니다. 묘사는 일시적인 것에 대한 구원이라는 쿤데라의 문장을 말씀드렸었죠? 정말 이 시 구절은 일시적이었던 제 군 생활 추억에 대한 구원이 맞습니다.

물안개가 증발하고 나자
호수는 있는 힘껏
이른 아침을 받아들이고 있었다

이문재, 〈신새벽에 나를 놓다〉 중에서

요즘 하늘이 무척 예쁘죠? 한국의 가을 하늘은 유별나게 예쁜 것 같아요. 오죽하면 애국가에서 "가을 하늘 공활한데 높고 구름 없이"라고 하겠어요? 가을 구름은 하늘이 좀 먼

것처럼 느끼게 하는데 시인도 여름 구름은 가까이, 가을 구름은 좀 멀게 느껴졌던가 봐요. 도종환 시인은 그것을 "구름이 지상에서 일어나는 일에 덜 관심을 보이며 높은 하늘로 조금씩 물러나면서 가을은 온다"라고 묘사합니다.

  가을이 오는 것을 또 무엇으로 알아챌까요? 저는 새벽 기온으로도 알겠더라고요. 그 즈음 새벽에 산책 나가 보면 공기의 온도가, 기운이 다르거든요. 공기 속에 찬 기운이 스며 있어요. 쨍하고 서늘한 느낌이 들죠. 그걸 느끼면 '아, 가을이 오는구나' 싶습니다. 시인이 가을이 "차고 맑아진 첫새벽을 미리 보내 놓고" 온다고 말한 이유입니다.

> 구름이 지상에서 일어나는 일에
> 덜 관심을 보이며
> 높은 하늘로 조금씩 물러나면서
> 가을은 온다
> 차고 맑아진 첫새벽을
> 미리 보내놓고 가을은 온다
>
>                                     도종환, 〈다시 가을〉 중에서

천상병 시인의 〈만추〉라는 시는 어떤 꽃씨의 모험 이야기입니다. 내년에 꽃을 피워야 할 씨앗이 어쩌다 부는 바람에 덧없이 실려 날아갑니다. 어떤 계획을 가지고 바람 속에 뛰어든 것은 아니에요. 일단 어디든 자리를 잡아야 하니 갈 길을 찾습니다. 앞서 말씀드린 송종찬 시인의 〈맨발〉이라는 시는 비바람에 쓰러져 뿌리를 드러낸 오동나무에 대한 시였고, 살기 위해 물길을 찾던 뿌리의 이야기였는데요. 〈만추〉의 꽃씨도 마찬가지입니다. 제 살 길을 느긋하게 찾는 게 아니라 "핏발 선 눈으로" 자기 행방을 찾습니다. 얼마나 다급하고 절박한지 알 것 같아요.

꽃씨는 그렇게 "숲에서 숲으로, 산에서 산으로" 날아다니다 하필 모래사장에 떨어져요. 그곳은 풀이 자랄 만한 곳이 아니고 꽃씨는 목말라 혼이 난다고 합니다. 자칫하면 모래사장에서 그대로 말라 죽을지도 몰라요. 그런데 마침 어린 양 한 마리가 집으로 돌아오는 길에 그곳을 지나가다가 꽃씨를 털에 묻혔나 봅니다. 양이 사는 곳은 풀이 자라는 곳일 가능성이 높죠. 꽃씨는 양 덕분에 말라 죽을 수도 있는 모래사장을 벗어나서 마침내 싹을 틔울 수 있는 땅에 당도합니다. 어린 양이 집으로 돌아와 "땅을 말없이 다정하게 맞으며, 안락의 집으로 안내한다"라고 하는데, 이제야 안도의 숨을 내쉬

게 되죠. 이제 꽃씨는 살기 좋은 땅에 떨어져 싹을 틔우고 꽃을 피울 수 있을 겁니다.

꽃씨 하나의 여정입니다. 뜻하지 않은 출발과 위기를 겪고 끝내 해피엔딩을 맞죠. 그런데 시인은 그 뒤에 이렇게 이야기합니다. "마리아, 나에게도 이 꽃의 일생을 주십시오." 다음에 천상병 시인의 삶에 대해 이야기하겠지만, 시인은 몹시 가난하고 힘든 삶을 살았는데요. 고단하고 치열한 모험 끝에 안락한 땅에 닿은 꽃씨의 모험을 그리며 자기 생에 대한 바람을 담아 낸 것이 아닌가 합니다.


지난 가을에 아내와 딸과 함께 일본 가루이자와에 다녀왔습니다. 도쿄에서 차로 3시간가량 걸리는 곳이었고 자동차 운전석이 오른쪽인 것이 익숙하지 않은 데다 밤에 이동하느라 더 힘들었습니다. 게다가 숙소는 숲속에 있어서 도착할 즈음에는 사방이 깜깜하더군요. 산속이라 가로등도 없고 길은 구불구불해서 차의 헤드라이트를 올리지 않으면 길이 보이지 않았습니다. 늦은 시간에 어두운 산길을 운전해 보신 분은 상상이 될 텐데, 불빛이 닿는 데까지만 길이 보입니다. 그 끝 어둠 너머로는 길이 없는 것 같아요. 하지만 불빛이 닿는 데까지 가 보면 길이 계속 이어지죠. 저기 휘어지는 길 끝에 다다르면 길이 없을 것 같은데 오른쪽으로 돌면 길이 나 있고, 왼쪽으로 돌면 또 길이 나 있고요. 기분이 묘하더라고요. 그때 전남진 시인의 〈문상 가는 길〉의 한 구절, "길이 없어지지 않는다, 끊어질 것 같은 산길 어둠이 길을 조금씩 토해놓는다"가 떠올랐어요. 저는 특히 "끊어질 것 같은 산길 어둠이 길을 조금씩 토해놓는다"라는 표현을 무척 좋아합니다.

이 시에는 "차 소리에 놀란 산이 눈을 떴다 감고"라는 구절이 있는데, 이것은 산이 어둠 속에서 자동차의 헤드라이트 불빛이 비칠 때 눈을 떴다가 불빛이 지나가고 나면 눈을 감는다는 겁니다. 머릿속에 첩첩산중 캄캄한 산길, 차가 이동하는 경로를 따라 불빛이 비쳤다 사라지는 장면이 떠올려지나요?

길이 없어지지 않는다
차 소리에 놀란 산이 눈을 떴다 감고
끊어질 것 같은 산길
어둠이 길을 조금씩 토해놓는다

전남진, 〈문상 가는 길〉 중에서

꽃을 내려놓고

죽을힘 다해 피워놓은

꽃들을 발치에 내려놓고

봄나무들은 짐짓 연초록이다.

(…)

꽃 지고 나면 봄나무들

제 이름까지 내려놓는다.

산수유 진달래 철쭉 라일락 산벚 —

꽃 내려놓은 나무들은

신록일 따름 푸른 숲일 따름

이문재, 〈큰 꽃〉 중에서

봄에 소리 지르며 피는 꽃들이 있습니다. 무리 지어 피는 꽃들이 그렇습니다. 개나리는 떼 창을 하죠. "나, 개나리야!" 하고요. 하지만 화무십일홍(花無十日紅)이라고 하듯이 열흘 붉은 꽃은 없습니다. 꽃은 오래 피어 있겠다는 계획 없이 피고 실제로 오래가지 않습니다. 그래서 누군가는 그런 이야기를 합니다. 꽃의 시절은 짧고 잎의 시절은 길다고요.

저희 회사가 가로수길 끝자락에 위치한 빌딩의 높은 층에 있는데, 제 사무실에서 한강 건너로 응봉산이 보입니다. 봄이면 창 너머로 응봉산이 노란색으로 뒤덮여 있는 걸 봅니다. 개나리가 만개한 거예요. 그럴 때 창밖을 보면 저 멀리에서 "나 개나리야!" 하는 외침이 들립니다. 그런데 꽃이 지고 나면 꽃이 진 자리는 금세 연둣빛으로 탈바꿈해요.

잎보다 꽃을 먼저 올리는 개나리, 진달래, 산수유, 산벚, 매화… 이런 나무들이 한겨울 죽을 힘을 다해 버티고 봄이 오면 꽃부터 피우는데, 곧 꽃이 지고 초록 잎이 번져요. 우리 같으면 그렇게 어렵게 피운 꽃이 떨어지면 통곡할 것 같은데 애들은 그렇지 않습니다. 꽃을 내려놓고 '짐짓 연초록'이래요. '짐짓'이라는 부사가 좋았습니다. 꽃이 지면 무심하게 잎의 시절로 가는 겁니다.

그리고 이렇게 초록 잎의 시절이 되면 나무들을 구별하기 어렵습니다. 그 시기가 오면 응봉산을 뒤덮은 초록이 개나리인지 다른 나무인지 풀인지 알 수 없어요. 그저 푸르른 신록일 뿐입니다. 이문재 시인은 이 꽃의 시절과 잎의 시절이 교차하는 그때를 〈봄 편지〉라는 시에서 "떨어지는 꽃잎과 새로 나오는 이파리가 비교적 잘 헤어지고 있다"라고 표현하기도 합니다. 꽃이 져야 잎이 날 테니 둘은 함께하기 어렵죠. 그럼에도 불구하고 서로 싸우지 않고, 서운해하지 않고 서로 잘 헤어지고 있다고 말하는 겁니다.

비 맞는 풀 춤추고 비 맞는 돌 잠잔다

고은, 《순간의 꽃》 중에서

저는 사람과 작품은 분리해서 바라봐야 하지 않나 생각합니다. 고은이라는 사람의 과거 행적이 밉기는 하지만 그가 쓴 시까지 싫어하기는 쉽지 않더라고요. 위의 시 구절을 읽고 부정할 수 없었습니다. 그래서 인정하기로 했습니다. 묘사가 아주 기가 막힙니다. 비가 내리는 장면입니다. 비가 내릴 때 돌은 움직이지 않습니다. 하지만 풀은 낙하하는 빗방울을 맞고 흔들거리죠. 그 장면을 보고 풀은 춤추고 돌은 잠잔다고 묘사한 겁니다. 단 14글자입니다. 어려운 말은 하나도 없습니다. 이것이 시인의 묘사 능력이 아닌가 싶습니다.

남쪽 창문을 열어놓는다
일요일 오전이 한바탕 집 안으로 들어온다

게으르게 펼쳐놓은 경전은

내 몸 속으로 진입하지 않는다

이문재, 〈입춘〉 중에서

"남쪽 창문을 열어 놓는다. 일요일 오전이 한바탕 집 안으로 들어온다." 좋지 않습니까? 일요일 오전, 남향으로 난 창문을 열어 두니 오전의 햇살이 방 안으로 들어오는 장면입니다. 저는 이 구절, "일요일 오전이 한바탕 집 안으로 들어온다"라는 것이 어떤 기분인지 알 것 같습니다.

따뜻한 햇살이 등을 밀어 주고 있다. 들어가자, 책 속으로.

2022년 12월 16일 아침 10시 1분, 사무실에서 쓴 메모인데요. 당시 일이 많지 않았고, 1700페이지에 달하는 《돈키호테》를 제대로 한번 읽어 보자 하는 마음으로 읽고 있을 때였어요. 그런 날들 중 하루, 햇살이 무척 좋은 오전이었습니다. 제 사무실은 큰 유리창이 많고, 제가 앉은 자리 뒤편이 남쪽이어서 날씨가 좋은 오전이면 등 뒤로 햇살이 가득 들어옵니다. 그날 가만히 사무실에 앉아 책을 읽고 있는데, 등으로 아침 햇살의 온기가 느껴지더라고요. 그때 햇살이 저를 책 속으로 밀어 주는 것 같은 느낌이 들었어요. 그 순간에 남겨 두었던 메모입니다.

다시 시 이야기로 돌아와 보면, 창문을 열어 두었으니 주말 오전 햇살이 한가득 들어올 것이고 바깥의 소음도 들려올지도 몰라요. 출근했으면 느낄 수 없는 오전의 햇살과 주말의 소음에 '일요일 오전'이라는 시간성이 느껴집니다. 그런 때에 시인은 읽고 있던 책에 집중하지 못합니다. "게으르게 펼쳐 놓은 경전은 내 몸속으로 진입하지 않는다"라는 것은 그런 상태를 말하고 있는 것이죠. 책을 펼쳤지만 집 안에 가득 찬 햇살과 바깥에서 들려오는 아이들의 외침 같은 것에 마음이 기울어 활자보다 그 시간 속에 가만히 머물고 있는 시인의 모습이 눈앞에 떠오릅니다.


봄은 한 옥타브 올라간

새소리들의 잔치다

---

함민복, 〈콧구멍 속으로 소 혓바닥 더 자주 들어가고〉 중에서

봄이 되면 봄이 오는 것을 사람들이 다 느낍니다. 3~4월쯤 되면 사람들 표정이 다 바뀌죠. 길거리를 지나다니는 사람들 얼굴에 웃음도 많아지고, 밖으로 나오는 사람들도 많아지죠. 새들도 활기를 띄고 이 골짝 저 골짝 꽃들이 난리가 나고요.

"4월 30일 저 서운산 연두빛을 좀 보아라. 이런 날 무슨 사랑이겠는가 무슨 미움이겠는가." 고은의 《순간의 꽃》에 실린 시의 한 구절입니다. 4월 말에는 비단 서운산뿐만 아니라 어느 산이든 온갖 초록이 가득합니다. 연둣빛부터 청아한 초록빛, 진한 초록빛까지 명도와 채도를 달리한 온갖 종류의 녹빛으로 산이 뒤덮여요. '생동하다'라는 동사가 절로 떠오르는 때입니다. 그런 때 그런 날에 무슨 사랑을 이야기하겠어요. 무슨 미움을 이야기하겠어요. 봄은 그런 계절입니다. 거기에 대해서 함민복 시인은 "봄은 한 옥타브 올라간 새소리들의 잔치"라고 말합니다. 한 옥타브 올라간 새소리라는 말이 딱 맞는 것 같아요. 헤르만 헤세도 비슷한 이야기를 했습니다. "봄이 무슨 말을 하는지 아이들은 다 안다. 살아라, 자라라, 사랑하라, 즐겨라." 봄이 이런 이야기를 하고 있다고 헤세는 말하죠. 그러니 한 옥타브 올라간 새소리일 수밖에요.

> 하늘은 하얗게 웃고 있는데
> 땅은 눈물을 흘리고 있다
> 우리는 인연이 아니었다

송종찬, 〈0°C에 내리는 눈〉 중에서

이게 뭘까요? 이 시의 제목은 〈0°C에 내리는 눈〉입니다. 기가 막힙니다. 눈이 많이 내리는 날 하늘은 하얗게 웃고 있는 것처럼 보이고, 눈이 소복이 쌓이면 예쁠 텐데 하필 기온이 0°C입니다. 어떻게 되겠습니까? 눈이 땅에 닿기도 전에 녹을 거예요. 그래서 땅은 눈물을 흘리고 있는 것이고, 그러니 인연이 아니라는 겁니다. 기온이 영하로 떨어지지 않은 날, 눈 내리는 풍경을 그린 시입니다. 겨울에 우리도 종종 보는 풍경이지만 대부분 주목하지 않은 장면입니다. 우리와 달리 시인은 그 장면을 잡아서 이렇게 묘사한 것이죠.

성인이 된 후에 어린 시절에 다녔던 초등학교에 가 보신 적 있나요? 책상도 작고 의자도 작고 모든 게 작아 보이죠. 심지어 학교 건물도 작아 보여요. 모든 게 다 그대로인데 우리

만 나이를 먹고 자랐습니다. 그런 상황에 우리 대부분은 "책상이 이렇게 작았어? 의자가 이렇게 낮았나?" 감탄하고 그칠 텐데, 시인은 그 풍경을 이렇게 표현합니다.

시간은 나만 키우고 나무와 햇살은 그 자리에 두었네. 남겨두었네.

전남진, 〈초등학교 운동장에서〉 중에서

판화가 이철수 선생의 작품 중 〈좌선〉을 좋아하는데요. 바위가 판화로 찍혀 있어요. 좌선은 스님들이 오랜 시간 가만히 앉아서 명상하고 사색하고 기도하는 걸 말합니다. 좌선의 '끝판왕'이 무엇이겠습니까? 바위입니다. 바위만 한 좌선이 어디 있겠어요 그래서 이철수 선생은 바위를 종이 위에 찍어 내고 '좌선'이라고 제목을 붙인 것이죠.

서정주 시인은 〈바위와 난초꽃〉이라는 시에서 바위가 몇천 년씩을 침묵으로만 웅크리고 앉아만 있어서 난초는 그런 바위의 무뚝뚝함이 답답해 꽃을 피운다고 말합니다. 쉬운 말로 한 장면을 묘사하고 있는데, 한글을 이렇게 구성할 수 있다는 게 놀라워요. 꼭 한번 찾아 읽어 보시면 좋겠습니다.


　이번에는 시가 아닌 단편소설의 한 장면을 말씀드려 보려고 합니다. 기형도 시인의 〈겨울의 끝〉이라는 소설인데요. 소설 속 인물인 윤국이 정혜를 버스에 태워 보내는 장면인데, 아주 인상적인 표현이 있습니다. 정류장에 도착한 버스에 정혜가 올라타 자리에 앉았고 버스가 출발하는 장면입니다. 창문 안쪽 자리에 앉아 있던 정혜는 "몽롱한 얼굴"로 윤국을 보며 웃습니다. 그런데 버스가 급하게 출발하죠. 기형도 시인은 그 순간을 "그 웃음이 채 끝나기도 전에 버스가 정혜의 웃음을 앞으로 '획' 잡아당겼다"라고 표현합니다. 단순하게 버스가 갑자기 출발했다는 식의 설명보다 그 장면이 생생하게 느껴지죠. 이것이 묘사의 힘입니다.

기형도 시인이 묘사한 시대상

기형도 시인을 언급한 김에 그가 묘사한 시대상을 잠시 살펴볼까 합니다. 70, 80년대 한국사회의 풍경은 지금과는 사뭇 다릅니다. 그 시절의 한국은 후진국이었습니다. 90년대 생이 살아낸 시절은 그래도 중진국 정도는 되지 않을까 싶고 2000년대 생은 선진국에서 태어났다고 봐요. 그래서 90년대생이나 2000년대생은 그 시대가 잘 그려지지 않을 겁니다. 기형도 시인이 연세대학교를 졸업한 이후 중앙일보에서 기자로 일하며 필명을 날리던 때였어요. 기형도 시인은 워낙 잘 알려진 시인이기도 했고 그 시대에 태어나 그 시대만 살다가 일찍 세상을 떠난 분입니다. 저 역시 그의 시와 소설, 전집을 다 읽었는데, 제가 그의 작품에서 느낀 것은 한마디로 비장함이었습니다. 소위 말하는 중2병인가 싶을 정도의 비장함이랄까요? 하지만 생각해 보면 그럴 수밖에 없습니다.

1960년생인 기형도 시인은 20대를 전두환의 시대에서 보냈습니다. 저도 그 시대를 살았지만 저는 생존해 민주 정부를 경험했고 'K-everything' 시대도 살아 보며 여러 가지 시대 문맥을 읽을 수 있었어요. 하지만 기형도 시인은 그 시대만 살다 간 사람입니다. 젊은 날에 시대가 너무 험하게 들어왔어요. 만약 기형도 시인이 지금까지 살아 있다면 다른 형태의 시를 쓰지 않았을까요?

그 시절 어느 대학이나 다 같았지만 말씀드린 대로 기형도 시인은 그 당시 연세대학교 학생이었고 (같은 학교 학생이었던 이한열 열사가 66년생입니다), 졸업 후에는 글을 쓰는 기자였습니다. 그 시대에 제대로 기사를 쓰기가 얼마나 어려웠겠어요. 기자로서 느꼈을 압박, 양심의 가책 같은 것이 엄청났을 겁니다. 그러다 보니 글이 대체로 무겁습니다. 지금 우리가 보기에는 좀 과하다 싶을 만큼 진지하고요. 그러니 그의 글은 그 시대 상황과 그런 심리 상태를 생각하고 읽어야 합니다. 기형도 시인의 작품을 이곳에 옮길 수는 없지만, 제가 기록해 둔 〈안개〉〈백야〉〈조치원〉〈위험한 가계·1969〉〈겨울의 끝〉을 간략히 소개하며 그 시대 풍경을 살펴보겠습니다. 이 작품들을 찾아 함께 읽어 보시면 좋을 것 같아요.

먼저 기형도 시인의 〈안개〉라는 시에 대해 이야기해 볼까

1980년 5월 2일 학생들이 철야 시위를 벌이고 있는 고려대 교정을 비추는 데모 진압 차량.

1987년 7월 6일 연세대 교문 앞에서 열린 이한열 열사 추모 시위. ⓒ 동아일보(위, 아래)

합니다. 이 시가 그리는 장소는 공장이 밀집해 있는 공단 같고, 이곳은 아마도 '구로 공단'이 아닐까 해요. 지금의 구로디지털산업단지인데, 옛날에는 구로 공단으로 불렸습니다. 그곳에서 많은 사람이 노동 착취를 당했어요. 말도 안 되는 노동의 현장이었습니다. 그래서 노동운동을 하던 많은 대학생이 활동했던 곳이기도 합니다. (그 시대에 그 같은 노동 현장에서 노동운동을 하고 시를 썼던 사람이 박노해 시인입니다.) 그런 시대, 그런 현장을 머릿속에 떠올리며 시를 읽어야 합니다.

시에는 "두꺼운 공중의 종잇장 위에 노랗고 딱딱한 태양이 걸릴 때까지 안개의 군단은 샛강에서 한 발자국도 이동하지 않는다"라는 구절이 있습니다. 여기에서 '두꺼운 공중의 종잇장'은 한밤의 어둠입니다. 이 어둠이 너무 무겁거든요. 이 어두운 하늘에 '노랗고 딱딱한' 태양이 떠오를 때까지 샛강에 자욱한 안개는 사라지지 않는다는 거예요. 안개가 얼마나 짙고 넓게 퍼져 있는지 이걸 '군단'이라고 표현합니다.

그런 안개가 짙은 새벽, 여공들이 출근하는데 웃고 떠들며 지나가요. 그리고 "긴 어둠에서 풀려나는 검고 무뚝뚝한 나무들 사이로 아이들이 느릿느릿 새어나온다"고 합니다. 해가 떠서 어둠이 조금씩 걷히고 학교 가는 아이들이 나무 사이로 보이기 시작하는 장면입니다. 그런데 시인이 선택한 표현들을 보면, 나무는 무뚝뚝하고 아이들은 느릿느릿해요. 공단의 새벽과 이른 아침 풍경을 묘사하면서 쓴 '두꺼운' '딱딱한' '군단'과 마찬가지로 대체로 어둡고 무겁습니다.

공단은 말씀드린 것처럼 공장이 한데 모여 있는 단지인데, 여러분이 공단의 풍경을 알지 모르겠어요. 그 시대의 공장들은 기다란 굴뚝이 하늘로 뻗어 있고 거기에서 시종일관 연기가 뿜어져 나옵니다. 시인은 공장의 검은 굴뚝들이 "하늘을 향해 총신을 겨누고 있다"고 표현해요. 한편 〈조치원〉이라는 시에서 한겨울 나무에 대해 "어두운 차창 밖에는 공중에 뜬 생선 가시처럼 놀란 듯 새하얗게 서 있는 겨울 나무들"이라고 묘사한 바 있는데요. 故 황현산 선생은 나뭇잎이 다 떨어진 나무줄기를 "한 시절의 영화는 사라졌어도 세상을 지탱하는 곧은 형식들은 차가운 바람 속에 남아 있다"고 표현했습니다. 제가 무척 좋아하는 문장입니다. 무성한 잎이 다 떨어지고 한때의 부귀영화가 없어졌지만 나뭇가지는 꿋꿋하게 버티고 있죠. 기형도 시인과 시선이 달라요. 똑같은 겨울 나무를 바라보는 시선이 이토록 다를 수 있어요. 이것은 시대 정신의 차이라고 봅니다.

이번에는 새벽에 출근하는 '여공'을 따라가 보겠습니다. 70, 80년대는 정부와 기업에 근로기준법을 준수할 것을 요구하는 시위 현장에서 전태일 열사가 분신 자살했던, 그런 시대였어요. 이 시절에는 '여공'이 참 많았습니다. 이분들은 학교에도 못 가고 공장에 나가 재봉질을 하든 뭘 하든 해서 돈을 벌어 가계에 보탬이 되어야 했고, 밤 늦게까지 주어진 작업량을 채우느라 잠 못 자고 일해야 했죠. 잠을 자면 그 작업량을 채울 수 없어서 약을 먹고 바늘로 자기 몸을 찔러서 잠을 깨운다는 이야기까지 있었습니다. 기형도 시인의 〈위험한 가계·1969〉라는 시는 6개의 연으로 이루어진 긴 산문시인데, 제가 밑줄 친 부분에는 공장에서 일해서 돈을 벌어 오는 누나와 그런 누나를 기다리는 남동생의 한 장면이 담겨 있습니다.

가을밤 방죽에서 누나를 한참 기다리던 남동생은 어둠 속에서 걸어오는 누나를 봅니다. 누나는 못 자고 못 먹고 일하느라 "냉이꽃처럼 가늘게 휘청거리며" 걸어와요. 그렇게 만난 남매는 집으로 가는 길 도란도란 이야기를 나눕니다. 누나는 요즘 공장에 출근하는 친구들 사이에서 초록색 추리닝이 유행하는데, 이번 달은 야근 수당까지 받았으니 그 추리닝을 사고 싶다고 이야기해요. 그런데 그 옆에서 남동생은

1966년 울산 공단.

1970년대 우리나라 수출 신장에 기여한 가발공장의 여공들. ⓒ 경향신문(위, 아래)

누나의 바람에는 관심이 없고 오징어가 먹고 싶답니다. 오징어는 맛도 있는데 질깃하니까 오래 씹을 수 있기 때문이래요. 그러고는 집으로 가는 길은 너무 멀었다고 합니다. 제대로 먹지도 자지도 못하고 일하느라 깡마른 누나와, 그런 누나를 방죽에서 마냥 기다리는 남동생, 두 남매가 늦은 밤에 만나서 별것 아닌 서로의 바람을 이야기하며 집으로 가는 장면인데요. 10개 남짓한 문장 속에서 가난이 지배하던 그 시절이 느껴져서 인상적으로 기억하고 있습니다.


김주영 작가의 소설 《객주》를 먼저 이야기해 볼까 합니다. 이 소설의 한 장면이 기형도 시인의 〈조치원〉을 이해하는 데 도움이 될 텐데, 이 소설은 80년대에 쓰인 작품으로 낯선 단어나 표현이 많아서 지금은 좀 읽기 힘들 수 있습니다. 그런데 그 점이 출판계가 열광한 이유이기도 합니다. 이 소설이 죽은 한국말들을 살려냈다는 겁니다. 이를테면 책에 등장하는 '가시버시'라는 말은 부부를 낮잡아서 이르는 말인데 잘 쓰는 단어가 아닙니다. 그러다 보니 책 뒤에 '한국말 사전'이 부록으로 실리기도 했습니다. 하지만 그런 의미를 떠나서도 소설 자체로도 무척 재미있습니다.

이 소설은 보부상들의 이야기인데요. 1800년대 후반~1900년대 초반 일제 강점기를 배경으로 하고 있습니다. 지금과는 삶의 모습이 전혀 다른 시대입니다. 소설에 주막을 배경으로 한 장면이 등장하는데, 그 시대의 주막은 보부상과 나그네들이 밥도 먹고 술도 마시고 잠도 자는, 이를테면 식당을 겸한 숙박시설입니다. 그런데 지금의 숙박시설처럼 1인 1실, 2인 1실이 아니라 방 하나에 여러 명의 손님이 함께 머물러야 했어요.

가령 누군가가 저녁 5시쯤 도착했다고 쳐요. 숙박비를 내고 방에 들어갔더니 한 사람이 자고 있어서 그 옆에 자리를 잡습니다. 그런데 7시쯤 한 사람이 또 들어오고, 8시쯤 한 사람이 또 들어와요. 9시, 10시에도 사람들이 들어오고요. 처음에는 넓었던 자리가 좁아지고 좁아집니다. 소설 속 그 장면에서 나중에 들어온 사람이 방에 누워 있는 이들을 향해 이렇게 말합니다. "선래자(先來者), 조입시다." 먼저 온 사람들에게 차지하고 있는 자리를 좁혀 달라는 겁니다.

기형도 시인이 살던 시대로 이 풍경을 가져오면 주막은 여인숙이 될 겁니다. 조치원의 낡은 여인숙에 서로 모르는 사람들이 한 방에 묵게 되었나 봅니다. 아마도 그 동네에 일하러 온 노동자들이 아닐까 해요. 앞서 말씀드린 《객주》의 그 장면과 비슷하죠. 그런 상황을 떠올려 보세요.

이 시에는 "소지품마냥 펼쳐 보이는 의심 많은 눈빛이 다시 감기고"라는 구절이 있습니다. 내 옆에서 자고 있는 사람이 도둑놈인지 살인자인지 알 수 없어요. 내가 잠들면 저 사람이 내 물건을 훔쳐 갈지도 몰라요. 그러니 경계할 수밖에 없습니다. 하지만 그런 상황에서도 잠은 오고 눈이 감깁니다. 좁은 방에 사람은 많고 조금이라도 편하게 자려면 차지하고 있는 공간을 늘려야 하니 뒤척거릴 수밖에 없고요. 그걸 두고 시인은 "좀더 편안한 생을 차지하기 위하여 사투리처럼 몸을 뒤척이는 남자들"이라고 표현합니다.

그런 그들 발밑에 빵 봉지가 굴러다니는 모양입니다. 이렇게 일하러 와서 여인숙에 한데 모여 자는 사람들이 제대로 끼니를 챙겨 먹기 쉽지 않을 거예요. 슈퍼에서 파는 빵이나 사다 먹었겠죠. 먹고 난 후 빈 빵 봉지는 그대로 내던져 뒀을 테고요. 시인은 그 모습을 보고 "몹쓸 꿈들이 빵 봉지 몇 개로 뒹굴곤 하였다"라고 말합니다. 그렇게 몸을 구기고 잠든 그 사람들에게도 분명히 바라는 바가 있겠지만 쉽게 이루어지기는 어렵겠지요. 어쩌면 각자 그 같은 처지에 꿈이라는 건 허망한 바람일지도 모르겠어요. 그래서 그들의 꿈은 몹쓸 꿈이고 빈 빵 봉지처럼 굴러다닌다고 하는 것이죠.

마지막으로 인천의 판자촌으로 장소를 옮겨 봅니다. 계절은 겨울로, 눈이 내리다 그치는 모양입니다. 판자촌이란 낮고 좁은 집들이 죽 늘어서 있는 동네입니다. 지붕이 판자로 덧대어져 있어요. 집들이 늘어선 사이로 좁은 골목이 있는데, 그곳에 서서 올려다보면 낮은 판자 지붕들이 삐뚤빼뚤 교차되어 그 틈으로 하늘이 보입니다. 그 모습을 떠올려 보세요. 하늘도 조각조각 이어 붙인 판자처럼 보이는 겁니다. 시인은 그 풍경을 "낮은 지붕들 사이에 끼인 하늘은 딱딱한 널빤지처럼 떠 있다"라고 묘사합니다.

그런데 바람이 많이 부는 모양입니다. "가늠할 수 없는 넓이로" 부는 바람에 싸락눈이 이리저리 흩날리는데, 시인은 그 모습을 보고 싸락눈이 "비명을 지르며 튀어오른다"고 표현합니다. 게다가 싸락눈은 영하 5도 이하의 추운 날에 내리는 마른눈입니다. 엄청 추운 날씨라는 이야기예요. 그토록 추운 날, 바람은 매섭게 불고 그 바람에 싸락눈이 흩날리는 판자촌 골목길을 한 사내가 걸어갑니다. 그 모습이 마치 화질이 좋지 않은 흑백 영화처럼 흐릿해요. "흠집투성이의 흑백의 자막 속을 한 사내가 천천히 걷고 있다"라고 말하는데, 오래된 흑백영화는 화면이 깨끗하지 않고 화면 위에 세로줄이 점멸하듯이 보이죠.

아무튼 이 사내는 몸으로 하는 노동을 많이 했던 모양입니다. 손가락이 농기구처럼 굽었어요. 그런 남자가 몇 병의 취기를 기억해내며 사내는 문 닫힌 상점 앞에서 마지막 담배를 피우고 있습니다. 술은 이미 다 깼고 담배마저 그게 마지막입니다. 담뱃불도 곧 꺼질 거예요. 골목에 사람은 없고 밤이어서 흐릿한 불빛에 사방이 어두컴컴합니다. 시인은 그 모습을 "빈 골목은 펼쳐진 담요처럼 쓸쓸"하다고 말하죠.

그 어두운 골목길에서 사내의 기침 소리가 들립니다. 사방이 적막하면 작은 소리도 더 크게 들리잖아요? 시인은 그걸 두고 기침 소리가 길게 흔들린다고 말합니다. "빛과 어둠을 분간할 수 없는" 이 흰 밤(白夜)에 사내는 "얼어붙은 간판 밑"을 지나 휘적휘적 걸어갑니다. 군용 파카 속에서 칭얼거리는 어린 아들을 업은 채로요.

기형도 시인이 이 장면을 그려내기 위해 선택한 단어들은 '흐린 유리창' '딱딱한 널빤지' '더러운 담벼락' '비명' '굽은 손가락' '문 닫힌 상회' '마지막 담배' '검게 얼어붙은 간판' 같은 겁니다. 이 시를 천천히 읽으며 그 장면을 떠올리고 이 사내의 삶을 짐작해 보면 삶이 얼마나 고단한 것인가 싶어 먹먹해집니다. 제가 설명드린 이 시의 제목은 기형도 시인의 〈백야(白夜)〉입니다.

시가 그리는 가난의 풍경

기형도 시인이 그려낸 시대상은 대체로 서럽고 아픕니다. 그런데 시대를 떠나서도 가난한 삶, 신산한 삶의 풍경을 묘사한 시가 많습니다. 잠시 그 같은 시 몇 편을 함께 만나 볼까 합니다.

어찌하랴
좋던 날도 아주 없지는 않았다만
네 노고의 헐한 삯마저 치를 길 아득하다
차라리 이대로 너를 재워둔 채
가만히 떠날까도 싶어 묻는다
어떤가 몸이여

김사인, 〈노숙〉 중에서

노숙자는 말 그대로 길에서 자는 사람입니다. 길에서 잔다는 것은 잘 수 있는 제대로 된 공간이 없다는 말입니다. 김사인 시인은 이를 두고 〈노숙 2〉라는 시에서 "몸은 있으나 몸을 부려둘 공간이 없다"라고 표현하기도 했는데요. 저는 영혼과 육체가 분리된다고 생각하지 않습니다만, 만약 21g의 영혼이 몸에서 분리된다면 노숙자는 자기 몸을 바라보며 이렇게 말을 걸 것 같습니다. 솔직히 좋은 날이 없지는 않았어, 하지만 평생 일해 온 노고에 헐값마저 치를 길은 없으니 영원히 떠나 버리고도 싶구나, 하고요. "너를 재워 둔 채 가만히 떠날까도 싶어 묻는다"라는 건 삶이 고되고 허망하여 차라리 죽을까 싶어서 자기 몸에게 묻는다는 겁니다. 매우 슬픈 시입니다.

 가난의 지존, 최고봉은 누구일까 하면 천상병 시인이 아닐까 합니다. 시인은 1930년생이고 1993년에 돌아가셨으니 예순 갓 넘기고 세상을 떠난 것인데, 그 생이 참 슬픕니다.
 혹시 '동백림 사건'을 아시나요? 동백림은 '동베를린'을 한자로 쓴 것이고 1967년에 있었던 간첩 조작 사건을 말합니다. 그 시기는 베를린이 동서로 나뉘어져 있을 때였고 서베를린은 민주 진영, 동베를린은 공산 진영이었습니다. 그 당시 서유럽에서 유학하고 있던 일군의 한국인이 동베를린으로 넘어가 북한 사람들과 소통했고 북한 대사관에 들어가 간첩 활동을 했다고 중앙정보부에서 발표합니다. 그때 독일에서 활동하고 있던 작곡가 윤이상, 프랑스에서 화가로 활동하던 이응노가 간첩으로 지목됐어요. 이 일로 윤이상은 한국에 들어올 수 없게 됐죠. 귀국하면 체포되니까요. 이 사건의 유탄을 맞은 사람이 천상병 시인입니다.

그는 가난했고, 돈이 없어서 유학을 가지도 못했습니다. 거의 평생 이 친구 저 친구에게 얻어먹고 얻어 자는 식으로 살았어요. 그랬던 시인이 어느 날 서독에서 유학하고 돌아온 친구에게 술을 얻어먹다가 동베를린 사건에 대한 이야기를 듣습니다. 말 그대로 그냥 이야기를 전해 들었을 뿐이에요. 그런데 이 일이 문제가 되어 중앙정보부에 잡혀 가서 전기 고문을 당합니다. 고문 후유증으로 체중이 줄고 아이도 가질 수 없게 됐고 치아도 대부분 빠졌어요. 몸도 망가졌을 뿐만 아니라 정신착란에 가까운 증세를 보였다고도 합니다. 그렇게 폐인처럼 살다 돌아가셨어요. 이렇게 살아온 천상병 시인이 쓴 시 대부분은 그런 그의 배경을 알고 읽어야 제대로 읽힙니다. 〈소릉조(小陵調)—70년 추석에〉도 마찬가지로, 이 시의 내용은 이렇습니다.

추석에는 다들 부모님 뵈러 고향에 가거나 형제들을 만나잖아요. 시인의 부모님은 돌아가셨고 두 분 산소는 고향에 있습니다. 형과 누이들은 부산에 살고요. 하지만 서울에 사는 시인은 돈이 없으니 고향에도, 부산에도 가지 못합니다. 그런 상황에서 시인은 이런 생각을 합니다. 부모님 산소에도 갈 수 없고 형과 누이가 사는 부산에도 돈이 없어 못 가고 아무 데도 못 가겠구나, 저승 가는 데도 여비가 든다면 나는 영영 가지도 못하나? 죽을 때도 돈이 든다면 나는 죽지도 못하겠구나. 자조하는 것이죠. 이런 내용이 시에 고스란히 담겨 있어요. 서글프지만 해학이 느껴지는 시입니다.

참고로 이 시의 제목 '소릉조(小陵調)'에 쓰인 소릉(小陵)은 중국의 시인 두보의 호입니다. 그러니 '소릉조(小陵調) ─ 70년 추석에'라는 제목은 70년 추석에 두보 식으로 쓴 시라는 의미입니다.


"애비는 종이었다" "스물세 해 동안 나를 키운 건 팔 할이 바람이다"라는 시 구절은 많은 분들이 한 번쯤 들어보지 않았을까 합니다. 서정주 시인의 〈자화상〉입니다.

서정주 시인은 친일파가 맞습니다. 그런데 지난번 고은 시인의 경우를 말씀드린 것처럼 서정주라는 사람은 미워해도 서정주가 만들어낸 우리 언어 세계는 부정할 수 없을 것 같습니다. 〈자화상〉은 워낙 오래 전에 쓰인 시이다 보니 지금은 쓰이지 않는 단어가 많습니다.

서정주 시인의 고향은 전라북도 고창입니다. 시에는 아버지, 할머니, 엄마, 외할아버지가 등장하는데 서사력이 엄청납니다. 시에 담긴 내용을 풀어 보면 아버지는 종이어서 집에 돌아오지 않고, 나는 할머니와 같이 사는데 할머니는 파 뿌리처럼 늙었고, 집에는 나와 늙은 할머니와 대추나무 한 그루가 있을 뿐입니다. 엄마는 풋살구를 하나 꼭 먹고 싶다고 했지만 먹지 못했어요. 그만큼 가난한 집입니다. 그 옛날 가난한 집 애들은 잘 씻지 못해서 손이 새까맸는데 이 집 아들인 나도 다르지 않습니다. 그리고 갑오년인가 언제인가 바다에 나가서 돌아오지 않는 외할아버지를 닮았다는 이야기를 많이 들었던 것 같고요.

"스물세 해 동안 나를 키운 건 팔 할이 바람이다"라는 그 유명한 구절, 이게 무슨 이야기인가 하면, 집이 너무 가난해서 어른들이 아이를 제대로 돌보지 못한 겁니다. 아버지는 종이어서 집에도 못 들어오는 처지이고, 할머니는 노쇠했고,

엄마도 가난한 집안을 살피느라 아이에게까지 신경을 쓰지 못했을 겁니다. 거친 환경 속에서 아이는 되는 대로 혼자 큰 것이죠.

그렇게 자란 아이를 보는 세상의 시선은 곱지 않습니다. 시골의 가난한 집, 손톱 밑이 까만 아이를 향한 시선이 고울리가요. 누군가는 아이에게 바보라고 이야기하고 누군가는 도둑놈이라고 욕도 합니다. 그러나 어른이 된 아이는 이제 그런 시선도, 말도 개의치 않을 거라고 하죠. 그런 삶 속에서도 시는 쓰고 싶으니까 시를 쓰겠다는 마음으로 버텼고 그렇게 쓴 시 속에는 피땀 눈물이 섞여 있고, 좋은 날이든 아닌 날이든 병든 수캐처럼 헐떡거리면서도 이만큼 살아왔다고 이야기합니다. 시인이 자기 인생을 돌아보고 쓴 시가 아닐까 해요.

서정주, 박목월 같은 시인의 시는 읽을 때 조금 생각해 줘야 하는 것이 있습니다. 시에 쓰인 단어들이 지금의 단어들이 아니기 때문입니다. 그런 시인들의 시를 읽을 때는 그들의 언어 세계를 공부하면서 그들이 살던 시대상과 그들의 정서를 헤아리면서 읽어 주면 좋습니다. 그래야 등신대를 제대로 세울 수 있습니다. 시가 쓰인 상황 속에 나를 밀어 넣어야 시가 제대로 읽히기 때문입니다. 즉 80년대에 쓰인 시를 읽

을 때는 80년대의 상황을 이해하고 생각해 보며 그 시 속에 자신을 밀어 넣어야 시가, 글이 벌떡벌떡 일어납니다.

다음은 시골 풍경으로 갑니다. 배경은 시골이고 이야기 속 화자는 신혼인 아내입니다. 아내는 신을 팔러 장에 나간 남편을 기다리고 있습니다. 도심이 아닌 곳에서 어둠이 오는 풍경을 본 적이 있나요? 인위적인 빛이 없는 깊은 산속이나 한적한 시골에서는 해가 지기 시작하면 사방이 어둑해지고 저 멀리 있는 풍경부터 어둠 속으로 사라지기 시작합니다. 그러다 결국 집 앞도 캄캄하게 바뀝니다. 검은 물감이 번지듯이 천천히 어둠이 다가오죠.

아내는 어둠이 내리는 사이 남편을 기다리고 있어요. 그리고 생각합니다. 오늘도 신발은 다 팔리지 않았을 것이고, 신랑은 팔다 남은 신발을 트럭에 싣고 지금쯤 고개를 넘고 있겠구나, 하고요. "구겨진 천 원짜리처럼" 돌아오겠구나 싶어요. 종일 신을 팔아서 번 돈이 몇 천 원뿐일 거예요. 지쳐 있는 남편을 구겨진 돈에 비유하고 있는데, 아마도 비슷한 처지의 사람들에게서 신발 값으로 받은 지폐는 꾸깃꾸깃할 것이고, 신랑의 심정도 그 구겨진 지폐와 별반 다르지 않을 거라고 생각해요. 애달픈 풍경입니다.

> 늦도록 신랑은 돌아오지 않았다
> 물감이 번지듯 어둠이
> 골짜기를 메우고, 나무와 풀을 메우고
> 개울과 비탈진 밭을 메우고
> 집 앞 서성대던 길마저 메우는데
> (…)
> 팔다 남은 신발을 싣고
> 정선장 나간 신랑의 트럭은 지금쯤 고개를 넘고 있겠지
> (…)
> 구겨진 천 원짜리처럼 돌아오고 있겠지
>
> 전남진, 〈산촌의 밤〉 중에서

위기철이라는 작가가 있습니다. 저와 연배가 비슷하고 한때 문학 활동을 꽤 했던 사람입니다. 이 분이 썼던 글 중에 지금도 기억하는 문장이 하나 있습니다. "지금 내가 낭만에 젖어 있는 이 비는 가난한 동네 어딘가에서 새고 있는 슬픈 물

이다." 그렇죠. 비가 올 때 누군가는 이 빗소리 좋지, 운치 있는 밤이야 하며 낭만에 젖을 수 있겠지만, 어딘가에서는 이 비는 빗물이 새서 그릇을 받쳐 놓지 않으면 안 되는 슬픈 물이겠구나, 하는 시선으로 비를 본 겁니다.

이 문장에서 떠오른 것이 박준 시인의 〈누비 골방〉의 한 구절입니다. 비가 왔는데 이제 그쳤어요. 하지만 비가 새는 바람에 벽지에 얼룩이 진 겁니다. 시인은 그 얼룩을 두고 비가 벽에 상형을 그려 두었다고 묘사하죠.

위기철 작가의 문장도, 박준 시인의 시 구절도 와 닿지 않는 분들도 있을 겁니다. 하지만 오래된 빌라, 낡은 집에서 살아본 분들은 상상이 될 거예요.

숙박계를 적듯
벽에 상형을 그려두고
비구름은 떠났지만

박준, 〈누비 골방〉 중에서

# 재치의 힘

이제는 좀 웃어 볼까요? 때로는 시에서 시인의 재치를 발견하기도 합니다. 특히 반칠환 시인의 몇몇 시들은 아주 재미있어요. 사물과 상황, 삶을 바라보는 시선에 낙관과 긍정, 해학이 담겨 있죠. 잠시 재치가 느껴지는 시들을 말씀드릴 텐데, 먼저 반칠환 시인의 《웃음의 힘》이라는 시집에 실린 시 몇 편을 소개해 보려고 합니다.

얼음호수가 쩌엉 쩡 금간

손바닥을 펴 보이자

수십 마리 오리들이 와글와글

엉터리 수상을 본다

걱정 말우

봄부터는 운수 풀리겠수

반칠환, 〈호수의 손금〉 중에서

꽁꽁 언 호숫가에 오리들이 와글거리고 호수는 얼어서 여기저기 쫙쫙 금이 가 있습니다. 시인은 그 풍경을 그리기를, "얼음호수가 금 간 손바닥을 펴 보이자 오리들이 와글거리며 와서 엉터리 수상을 본다"고 해요. 그러더니 걱정 말라고 봄부터는 운수가 풀린 대요. 봄이 되면 어떻겠어요. 기온이 오르고 얼음이 녹을 거 아니겠어요? 그걸 두고 이렇게 표현한 거죠. 이런 재치 있는 시를 쓴 시인이 반칠환입니다.

다음 시에 담긴 시선도 참 재미있어요. 겨울이면 호수뿐만 아니라 땅도 다 얼죠. 그런데 봄이 되면 그 언 땅에서 쑥, 씀바귀 같은 것들이 툭툭 녹색으로 올라와요. 시인은 언 땅을 냉장고로, 봄이 되어 솟은 풀들을 신선한 재료라고 표현합니다. 냉장고에서 꺼냈는데 어떻게 이렇게 녹색일 수 있는지 신기하다고 하죠. 심지어 봄에 아지랑이가 피어오르는 것을 두고 갓 요리한 음식에서 모락모락 김이 난다고 표현합니다.

저 요리사 솜씨 좀 보게
누가 저걸 냉동 재론 줄 알겠나
푸릇푸릇한 저 싹도

울긋불긋한 저 꽃도

꽝꽝 언 냉장고에서 꺼낸 것이라네

아른아른 김조차 나지 않는가

반칠환, 〈봄〉 전문

이번에는 뜬금없이 계곡물이 거짓말을 하고 있다며 고자질을 합니다.

저 해맑은 거짓말 좀 보게나

치악산 능선마다
새똥, 곰똥, 달팽이 오줌
다 씻어 내린 계곡물이
맑다

반칠환, 〈시치미〉 전문

계곡물은 산 위에서부터 흘러 아래로, 아래로 내려오잖아

요? 그러니 지나쳐 오는 길에 새똥, 곰똥, 달팽이 오줌 다 씻어냈을 거예요. 그런데도 계곡물은 참 맑기만 하죠. 시치미 뚝 떼고 말입니다. 그러니 해맑은 거짓말이라는 겁니다.

반칠환 시인은 담을 넘은 넝쿨장미를 묘사하면서 '현행범'이라는, 장미와는 거리가 먼 단어를 들고 오는데요. 담을 넘는 걸 딱 들켰으니 현행범인데 그 존재가 넝쿨장미라서 아무도 잡을 생각은 하지 않고 따라 웃는다고 해요. 저는 그 표현이 너무 귀여웠어요.

넝쿨장미가 담을 넘고 있다
현행범이다
활짝 웃는다
아무도 잡을 생각 않고 따라 웃는다

반칠환, 〈웃음의 힘〉 중에서

또 다른 시 구절도 밑줄 쳐 둔 것인데, 딱따구리에 대한 표현입니다. 딱따구리는 부리로 나무를 찍습니다. 부리로 나무를 찍는 행위에 주목해 보면 사람이 곡괭이를 쓰는 것과 비슷하고, 그것은 블루칼라, 몸을 써서 일하는 노동자와 같아요. 그런데 그 부리는 머리에 달려 있고 부리로 나무를 찍으려면 머리를 써야 해요. 머리를 쓰는 것은 화이트칼라, 사무직 노동자의 일이죠. 그래서 딱따구리를 두고 블루칼라도 되지만 화이트칼라도 된다고 시인은 이야기합니다.

    곡괭일 쓰니 블루칼라 같지만
    머리를 쓰니 화이트칼라두 된다우

반칠환, 〈딱따구리〉 중에서


다음 시는 시인이 묘사하고 있는 대상이 무엇인지 한번 생각해보세요.

    크게 신문에 날 일은 아니로되
    산천초목도 벌벌 떨던 독재자로 하여금
    제 뺨을 세 번 되우 치게 하고 죽었으니

아는 사람들은 그 의로운 혈(血)을 기려
문(蚊) 열사(烈士)라 부른다

wing — wing —
그는 작지만 좌, 우의 날개를 지녔다고 전한다

반칠환, 〈문 열사〉 전문

 이 시에서 그리는 것은 모기입니다. 시인은 모기를 '열사'라고 말하는데 그 이유가 무엇인가 하면, 모든 세상 사람들이 두려워하는 독재자가 스스로 자기 뺨을 세게 때리게 만들었거든요. 그것도 세 번이나요. 모기를 잡겠다고요. 열사가 아닌 다음에야 그 누가 독재자의 뺨을 세 번이나 때릴 수 있겠어요. 그래서 모기 문(蚊)자를 써서 '문 열사'라고 한다는 거죠. 그리고 독재자가 통치하는 세계에서는 좌, 우가 힘을 쓸 수 없는데 모기는 작지만 좌우 날개를 가졌다고 말합니다. 시인의 시선도, 묘사도 참 재치 있다고 느꼈습니다.

 이번에는 함민복 시인의 재치 있는 시선을 만나 볼까요?

부산 태종대에 펭귄 모양 쓰레기통이 있었나 봅니다. 흰 몸에 검은 날개를 접고 배에는 '자연 보호'라고 쓰여 있고요. 쓰레기통이니 온갖 쓰레기가 펭귄 입으로 들어가겠죠. 쓰레기를 치우는 사람이 오면 제 안에 쌓인 쓰레기를 토해 내놓을 거고요. 생각해 보면 어떻게 쓰레기통을 펭귄 모양으로 만들었을까 싶어요. 자연의 일부인 펭귄의 목구멍에 쓰레기를 집어넣는 모양새가 되는데요. 모순적인 발상입니다. 그럼에도 불구하고 펭귄은 별말 없이, 버티지 못할 한여름 불볕더위를 이기고 반듯하게 서서 지구를 지키고 있습니다. 조금은 씁쓸한 재치가 느껴진다고 해야 할까요?

    추억 속에 펭귄이 있다
    남해 푸른 물결 등지고
    태종대 산책로를 따라
    흰 몸에 검은 날개 접고
    배에 자연 보호란 문신 새기고
    쓰레기를 먹으며
    주기적으로 쓰레기를 오바이트하며
    남극에 대한 추억의 힘으로,
    자연 보호 운동을 위해

자연의 목구멍 속으로 쓰레기를 집어넣는
사람들의 모순적 발상에도
묵묵부답 불볕더위 이기고 직립한
남극의 신사
지구를 지키는 우리 시대의 장승

함민복, 〈펭귄〉 전문

〈피너츠〉라는 만화를 아시나요? 1950년부터 2000년까지 신문지상에 연재된 작품으로 만화계의 전설이라고도 불리는 작품입니다. 이 만화 속에는 여러 캐릭터가 등장하는데, 그중에서도 '스누피'라는 개가 정말 인기가 많았습니다. 에피소드의 장면 하나가 기억나는데, 스누피가 집 앞에 세워진 우편함을 열면서 말합니다. "인간들에게는 고지서가 오고 편지는 개들에게 오지." 실제로 우편함에 제일 많이, 자주 꽂히는 게 무엇인지 생각해 보세요. 고지서 아닌가요? 편지인 줄 알았다가 실망하곤 하잖아요.

전남진 시인의 〈숫자와 싸우다〉라는 시에도 비슷한 장면이 있습니다. 편지인 줄 알았는데 알고 보니 카드 대금 결제

통지서예요. 고지서에 적힌 숫자가 "너 이거 감당할 수 있겠어? 낼 수 있겠어?" 하며 비웃는 것처럼 보여요. 아내마저 "대체 이 많은 돈을 어디에 쓴 거야?" 하면서 공격하고요. 그러면 남편이 뭐라고 하겠어요. 잘못했다고 인정할 수밖에요.

얼마 후 편지를 가장해 쳐들어온 카드 대금 결제 통지서
숫자는 희미하게 비웃고 있었어
아내마저 숫자의 편이 되어 공격한 그날. 잘못했어, 잘못했다구

전남진, 〈숫자와 싸우다〉 중에서

요즘은 택시를 타면 보통 카드로 결제하거나, 택시를 예약할 때 목적지까지의 택시 비용이 안내되고 도착할 때 자동 결제됩니다. 하지만 예전에는 미터기가 유일한 계측 수단이었어요. 기본 요금이 있고 대기시간, 주행거리를 집계해서 요금을 책정하는 기계죠. 차가 밀리거나 신호에 걸려 대기하는 시간이 길어지면 미터기에 요금이 올라가는 게 실시간으로 보입니다. 승객은 그 요금이 올라가는 걸 보면 심장이 뛰어

요. 생각보다 택시 요금이 더 나올 수 있거든요. 때로는 가지고 있는 현금보다 택시 요금이 더 많이 나올 것 같으면 길 중간에 내려 달라고 하기도 했습니다.

   이 미터기 스크린에는 말 한 마리가 있습니다. 미터기가 돌아가면 말도 달립니다. 그러니까 말이 달리는 건, 요금이 올라간다는 이야기입니다. 심야에 택시에 올라탄 시인은 미터기 스크린 속 달리는 말을 봅니다. 심야에는 할증이 붙어서 택시 요금이 더 비싸지죠. 그런데 시인은 늦은 밤에 택시 타는 날이 잦았나 봅니다. 택시 요금이 모자라서 목적지에 닿기 전에 내려서 걷는 경우도 많았고요. 이번에도 늦은 밤 택시에 탔는데 미터기 스크린 속에서 달리는 말을 보며 불안을 느끼는 이야기를 이렇게 재치 있게 표현합니다.

   심야택시 미터기에서 뛰는 말아, 불안감 조성은 경범죄처벌법 제24조에 의해 처벌될 수 있다 덕분에 나는 동네 입구서부터 내려 걷는 날이 많다

박준, 〈천마총 놀이터〉 중에서

어느 봄이었고, 벚꽃이 흐드러지게 피고 개나리 진달래는 난리가 났는데 사람들은 사무실에서 일만 하고 있는 겁니다. 그래서 봄이 왔는데 뭐하고 있는 거냐, 빨리 사무실 밖으로 나가라고 이야기를 했는데도 아무도 나가지 않는 거예요. 그래서 후배들에게 메일을 보냈습니다.

너희들은 포위되었다.
당장 항복하라.
즉시 사무실을 뛰쳐나와라.
— 봄꽃들로부터

정말 시끄러운 날이었거든요. 꽃들이 만개해서 소리치고 있었어요. 개나리도, 철쭉도, 벚꽃도 난리였습니다. 빨리 나와! 꽃보다 중요한 게 뭐 있다고 사무실에서 무슨 회의를 하고 있는 거야! 하는 것 같았죠. 그런데 후배들을 보니 꽃들의 외침이 안 들리는 것 같았어요. 메일을 보내고 난 후에 보니 그제야 한두 명이 모니터를 끄고 사무실 밖으로 나가더라고요.

꽃들은 저마다 활짝 자기를 열어놓고 있었습니다. 분명한 호객행위였습니다.

만화방창, 꽃들이 볼륨을 끝까지 올려놓은 봄날 아침, 나는 생명에 가담하지 못하고 있었습니다, 어서, 도심으로 빨려들어가야 했습니다,

이문재, 〈정말 느린 느림〉 중에서

이문재 시인의 이 시도 그런 봄철에 대한 이야기일 겁니다. 그리고 이것은 아마 우리의 모습이지 않을까 해요. 개나리가 응봉산을 노란색으로 뒤덮었는데 그걸 차창으로 바라보면서 꽃을 보러 가는 게 아니라 도심으로 빨려 들어가야 하는, 그리고 이 꽃들이 외치는 소리를 듣지 못하는 모습이요.

어느 하루 햇볕의 손길이 느껴지고 꽃의 외침이, 초록의 부름이 들린다면 휴대폰과 모니터에서 눈을 들고 잠시라도 계절을 체감하는 시간을 가져 보시면 좋겠습니다.

개나리가 가득한 봄의 응봉산 © 중앙일보

# 3

## 자연과의 대화

산에는 꽃 피네 / 꽃이 피네 / 가을 봄 여름 없이 / 꽃이 피네 산에 / 산에 / 피는 꽃은 / 저만치 혼자서 피어있네

김소월 시인의 〈산유화〉입니다. 이 시를 읽고 아니 대체 산에 꽃이 피는 걸 무슨 시라고 쓴 거야? 할 수 있는데, 이 시에 대한 김훈 작가의 해석은 이렇습니다. 《자전거 여행》 속 문장입니다.

"산에는 꽃 피네 꽃이 피네. 이 노래는 말을 걸 수 없는 자연을 향해 기어이 말을 걸어야 하는 인간의 슬픔과 그리움의 노래로 나에게는 들린다."

인간이 자연에 무슨 말을 걸겠습니까? 그러나 말을 걸고 싶고 자연과 소통하고 싶은데 뭐라고 표현해야 할지 모르겠는 겁니다. 그래서 김소월 시인은 "산에 꽃이 피네 꽃이 피

네"라고 쓸 수밖에 없었다는 이야기입니다. 이처럼 인간이 자연에 말을 거는 시들이 있습니다. 그뿐만 아니라 자연이 인간에게 이야기하는 것 같은 시들도 있고요. 이번 장에서 함께 만나 볼 시들은 그와 같은 이야기가 담긴 시들입니다.

자연에 말을 걸다,
자연이 말을 걸다

어둠도 이젠 병균 같은 것일까

밤을 끄고 휘황하게 낮을 켜놓은 권력들

(…)

엽록소를 버린 겨울나무들

한밤중에 이상한 광합성을 하고 있다

광화문은 광화문(光化門)

뿌리로 내려가 있던 겨울나무들이

저녁마다 황급히 올라오고

겨울이 교란당하고 있는 것이다

이문재, 〈광화문, 겨울, 불꽃, 나무〉 중에서

도시에서는 늦은 밤에도 가로등이며 간판이며 불이 밝습니다. 번화가라면 더 그렇겠죠. 시인은 그 모습을 보고 어둠도 병균 같은 것일까 생각합니다. 밤의 불빛이 마치 어둠을 어떻게든 몰아내려고 하는 것 같다고 느낀 겁니다. 인공적인 불빛에 대해 "밤을 끄고 휘황하게 낮을 켜놓은 권력들"이라고 말하는 이유입니다.

동양에는 밤을 밤답게 지키는 마음이 있습니다. 호롱불 정도를 떠올려 보면 좋겠네요. 그러나 서양은 낮처럼 더 환하게, 밝게 밝히는 기술이 있었죠. 지금 우리는 다 이쪽으로 넘어와 있습니다. 밤에도 야구, 축구를 해야 하고 늦은 시간까지 돌아다닐 수 있어야 하니까요. 한국의 도시만큼 밤이 환한 곳은 없을 겁니다. 그래서 도시의 나무들은 엽록소를 버리고 한밤중에도 이상한 광합성을 하고 있죠.

광화문(光化門)이라는 말은, 빛 광(光), 될 화(化), 말 그대로 빛이 되는 문입니다. 광화문의 밤은 수많은 빌딩에서 뿜어내는 빛과 가로등으로 늦은 시간까지 밝아요. 그러니 밤이면 뿌리로 내려가서 자야 하는 그 거리의 나무들이 밤에도 저녁마다 황급히 정신 차리고, 겨울에는 온전히 쉬어야 하는데 계절을 모르게 된다는 것이죠. 인공적인 불빛으로 인해서 나무 삶의 질서가 교란당하고 있다고 시인은 말하고 있습니다.

종종 늦은 시간에 집 근처 공원을 지날 때가 있는데 어두워지면 공원 곳곳에 조명이 켜집니다. 그 덕분에 늦은 시간에도 산책할 수 있고 안전에도 필요한 일이기는 하지만 공원의 나무, 풀들에게는 미안하더라고요. 자연은 자연의 시간을 따라 해 뜰 때 깨고 해 지면 자야 합니다. 나무에게 그 조명은 그저 인공 빛이고 자연의 시간 질서를 깨뜨리는 부자연스러운 것이에요. 얼마나 정신이 없겠어요.

사피엔스가 지구상에서 너무 많은 수를 차지하고 있습니다. 최상위 포식자가 개체 수까지 많으면서 다른 생명을 존중하지 않으면 공멸합니다. 그런데 지금 우리는 다른 생명에 대한 존중이 거의 없는 것 같아요. 길에서 보는 가로수도 풀도 동물도 다 사랑의 시선으로 봐 줘야 하는 대상입니다. 인간과 함께 살아가야 하는 생명입니다. 이제는 그런 생각이 좀 더 많아지면 좋겠습니다.


동백꽃이 피었다 집니다. 그런데 모든 동백꽃이 완벽하게 피지는 않을 거 아니겠어요? 사람도 다들 나름 최선을 다하지만 모두 멋지게 사는 것만은 아닌 것처럼요. 한번 들어보세요.


내가 다만 인정하기 주저하고 있을 뿐

내 인생도 꽃잎은 지고 열매 역시

시원치 않음을 나는 안다

담 밑에 개나리 환장하게 피는데

내 인생의 봄날은 이미 가고 있음을 안다

몸은 바쁘고 걸쳐 놓은 가지 많았지만

어느 것 하나 제대로 거두어 드린 것 없고

마음먹은 만큼 이 땅을

아름답게 하지도 못하였다

겨울바람 속에서 먼저 피었다는 걸

기억해 주는 것만으로도 고맙고

나를 앞질러 가는 시간과 강물

뒤쫓아 오는 온갖 꽃의 새순들과

나뭇가지마다 용솟음치는 많은 꽃의 봉오리들로

오래오래 이 세상이 환해지기를 바랄 뿐이다

선연하게도 붉던 꽃잎 툭툭 지는 봄날에

도종환, 〈지는 동백꽃을 보며〉 전문

저는 이것이 절창이라고 느낍니다. 동백은 다른 꽃들보다 조금 일찍 피었다가 일찍 떨어집니다. 그런 동백이 노인의 독백 같은 독백을 하는 거예요. 마치 〈My Way〉의 "후회가 없지 않았지만 생각해 보면 굳이 언급할 만큼 많았던 것도 아니야(Regrets, I've had a few. But then again, too few to mention)"라는 가사처럼요. 동백은 최선을 다해 피었지만 그렇게 아름답게 피지 못했던 것도 인정하고, 욕심도 있었고, 자신이 주인공이 되고 싶기도 했지만 그러지 못했던 것도, 충분히 아름답지 못했다는 것도 압니다. 그리고 이제는 질 때가 되었다는 것도 알아요. 그런 때에 사방에는 개나리, 진달래가 올라와요. 그 풍경을 바라보면서 말하는 거예요. 후회도 좀 있고 미련도 좀 있지만 그래도 지난 시간 충분히 노력했고 잘 살았다고 생각해,라고요. 동백이 인간에게 들려주는 이야기이죠.


도종환 시인의 시를 한 편 더 들여다볼까요?

꽃나무라고 늘 꽃 달고 있는 건 아니다
삼백예순 닷새 중 꽃 피우고 있는 날보다
빈 가지로 있는 날이 훨씬 더 많다
(…)

나무는 빈 가지만으로도 아름답고

나무 그 자체로 존귀한 것임을 생각한다

(…)

꽃 다시 피고 잎 무성해지겠지만

꼭 그런 가능성만으로 나무를 사랑하는 게 아니라

빈 몸 빈 줄기만으로도 나무는 아름다운 것이다

혼자만 버림받은 듯 바람 앞에 섰다고 엄살 떨지 않고

꽃 피던 날의 기억으로 허세 부리지 않고

담담할 수 있어서 담백할 수 있어서

나무는 그것만으로도 충분히 아름다운 것이다

도종환, 〈꽃나무〉 중에서

어느 시의 "꽃의 시절은 짧고 잎의 시절은 길다"라는 구절을 기억합니다. 나무들이 그런 것 같습니다. 꽃은 짧게 피고 오랜 기간 잎의 시절을 보내는 나무로 살고 있는데 사람들은 꽃의 시절만 아름답다고 보는 것 같아요. 하지만 정말 좋은 것은 그 잎의 시절까지 포함해서일 겁니다. 그래서 어떤 나무가 내년에 꽃을 피울 거라는 가능성이 있어서 그 나무를 좋아하는 것이 아니라 그 나무 자체로 좋아하면 좋겠습니다.

나무들은 이런 말을 하지 않습니다. 내가 더 잘 살 수 있었는데, 내가 이렇게 아름답게 꽃을 피웠는데, 하지 않아요. 후회도 하지 않고 허세도 부리지 않습니다. 꽃이 필 때가 되면 열흘 꽃이 피고, 365일 중 대부분을 잎으로 뒤덮인 채 보내고 또 겨울 한 계절 빈 가지만으로 보내야 한다고 해도 그 상태를 담담히 받아들이죠. 어쩌면 그런 태도가 나무를 아름답게 만드는 게 아닐까 합니다. 이 시는 그런 이야기를 하고 있습니다.

앞에서 소개했던 기형도 시인의 〈겨울의 끝〉이라는 단편 소설에는 열대어에 관한 이야기가 있는데요. 주인공 윤국이 다방에 있는 수족관 속에서 움직이는 열대어를 들여다보고는 이야기합니다. "이 열대어들은 자신들이 수조 속에 갇힌 것을 알고 있을까" 하고요. 열대어는 열대 지역의 푸른 호수나 바다가 원산지인 물고기예요. 동남아시아나 아마존이 주산지이죠. 수조 속에 있는 이 열대어들이 그런 호수, 바다를 알고 있을까 생각하는 것이죠. 그러고는 어쩌면 이 열대어들은 모든 걸 알고도 수조 속에 갇혀 사는 걸 자기 운명으로 받아들이고 있는지도 모른다고 생각해요. 기형도 시인은 그렇다면 그것은 "아름다운 생의 도박"이라고, "갇혀 있는 장엄한 생명"이라고 이야기합니다.

저는 이 글을 읽고 에밀 졸라의 《제르미날》에 등장하는 말, '바타유'를 떠올렸어요. 이 소설은 탄광촌의 이야기이고 바타유는 탄광, 땅속에서 삽니다. 태어나자마자 지하로 내려가 그곳에서 일만 하다 죽는 거예요. 땅속에 있으니 햇빛도 못 보고, 저 위 어딘가에 하늘이 있고 거기에 뭔가 있는 것 같기는 한데 뭐가 있는지 몰라요. 그런 바타유가 나이가 들어 죽어갈 즈음에 어린 말이 바타유를 대신하기 위해 땅 밑으로 내려옵니다. 바타유는 그걸 보고 '너도 이곳에서 나처럼 일만 하다 죽겠구나' 생각하는데, 그 장면이 무척 슬펐습니다.

수조 속 열대어, 예쁘죠. 하지만 열대어 입장을 생각해 보면 애들이 진짜 여기에 있어야 하는 걸까 싶어요. 오로지 인간의 즐거움을 위해 관상용으로 수조에 갇혀 사는 거잖아요. 물론 관상용으로 사육 가능한 어종이라지만 처음부터 그런 생을 살았을 리 없어요. 넓은 바다에서 자유롭게 살지 않았을까요? 자유를 잃고 수조 속에서 사는 삶은 무엇인지 생각해 보게 돼요. 그러나 기형도 시인이 말한 것처럼, 지하에서의 삶을 받아들인 바타유처럼, 이 수조 속의 열대어들도 작은 수조에 갇혀 사는 삶을 감수하고 있는지도 모릅니다. 기형도 시인은 주어진 운명을 받아들이고 있음에 의미를 부여하는 게 아닐까 싶어요. 그런 생은 그런 생대로 장엄하다고요.

아무것에도
익숙해지지 않아야
울지 않을 수 있다

해서 수면(水面)은
새의 발자국을
기억하지 않는다

박준, 〈문병 - 남한강〉 중에서

관계에서 상처를 받는 데도 전제 조건이 있습니다. 상대에게 마음을 줬을 때 우리는 비로소 상처받습니다. 누군가를 좋아하거나 누군가에게 어떤 노력을 했을 때 내 바람과 다른 반응이 돌아오면 상처받죠. 그래서 마음을 주지 않으려고 노력하는 경우도 있고요. "아무것에도 익숙해지지 않아야 울

지 않을 수 있다"라는 말은 그런 의미입니다. 그래서 수면은 새의 발자국을 기억하지 않는 거랍니다. 새가 흙 위나 모래사장 위를 걸어가면 새의 발자국이 남지만 수면을 톡 치고 날아갈 때는 수면이 살짝 흔들릴지언정 발자국이 남지 않아요. 그게 수면이 새에게 상처받기 싫어서 기록을 남기지 않는다는 겁니다. 아마도 시인은 물가에서 새가 수면을 건드리고 날아가는 장면을 보고 관계의 흔적, 상처받지 않으려는 마음을 생각한 것이 아닐까 해요.

제가 지금 읽어 드리는 이것이 무엇인지 상상해 보세요.

촛대 앞에 점점이 스러진
한 무리의 소신공양

내 몸에 병 없기를
팔순 동물들이 간절히
백팔 번 조아릴 제

저들이 바친 건

하루뿐인 가난한 생애였다 한다

반칠환, 〈하루살이〉 전문

깊은 산속에 있는 절인가 봅니다. 불상이 있고 그 앞에 예불을 드리는 사람들이 있습니다. 불상 앞에 초를 켜고 백팔배를 할 수도 있고, 두 손을 모아 빌 수도 있습니다. 부처에게 기도하는 사람들의 수만큼, 혹은 그보다 더 많은 바람이 있을 겁니다. 행복을 빌기도 할 것이고 건강을 빌기도 하겠죠. 취업이나 대입 시험의 합격을 빌기도 할 테고요. 그런데 산속은 빠르게 어두워집니다. 늦은 시간, 초에 불을 켜 두면 하루살이들이 그 밝은 촛불을 보고 달려들어요. 작은 몸이 촛불에 타 들어 가서 타닥타닥 소리를 내면서 사라지죠. 시인은 그걸 두고 "자기 몸을 태우는 소신공양"이라고 표현합니다. 소신공양(燒身供養), 자기 몸을 태워 부처 앞에 바치는 걸 말합니다. 이미 팔십 년을 살아온 노인들이 백팔 배를 하며 건강을 빌 때 하루살이는 제 몸을 태워 내놓는다는 이야기인데, 빅히스토리의 관점에서 본다면 하루살이도 인간도 그저 다른 종류의 생명일 뿐이라고 생각할 수 있지 않나 합니다.

나뭇가지가 담을 넘어왔습니다. 담을 넘은 것은 나뭇가지 하나이지만 시인은 가지 혼자 담을 넘은 것이 아닐 거라고 이야기합니다. 뿌리와 꽃과 잎도 도와줬을 거래요. "잠시 살 붙었다 적막히 손을 터는"이라는데, 이것은 꽃도 잎도 가지에 붙어 피었다가 떨어지는 걸 말합니다. 그렇게 뿌리도 꽃도 잎도 같이 힘써서 가지가 담을 넘은 거라는 거죠. 심지어 닷새 연이어 내리던 비와 밤새 쏟아진 눈이 아니었으면 담을 넘는 게 그다지 신나는 일은 아니었을 거래요. '금단'의 담이어서 타 넘겠다는 꿈을 꾼 것이라고 말하죠. 주변의 목련 가지, 감나무 가지, 줄장미 줄기, 담쟁이 줄기도 이 가지가 담을 넘는 데 영향을 미쳤어요. 나뭇가지 하나가 담을 넘는 것이 그 나무의 총체적인 흐름이었다고 보는 겁니다.

>
> 이를테면 수양의 늘어진 가지가 담을 넘을 때
> 그건 수양 가지만의 일은 아니었을 것이다
> 얼굴 한번 못 마주친 애먼 뿌리와
> 잠시 살 붙였다 적막히 손을 터는 꽃과 잎이
> 혼연일체 믿어주지 않았다면
> 가지 혼자서는 한없이 떨기만 했을 것이다

한 닷새 내리고 내리던 고집 센 비가 아니었으면
밤새 정분만 쌓던 도리 없는 폭설이 아니었으면
담을 넘는다는 게
가지에게는 그리 신명 나는 일이 아니었을 것이다
무엇보다 가지의 마음을 머뭇 세우고
담 밖을 가둬두는
저 금단의 담이 아니었으면
담의 몸을 가로지르고 담의 정수리를 타 넘어
담을 열 수 있다는 걸
수양의 늘어진 가지는 꿈도 꾸지 못했을 것이다

그러니까 목련 가지라든가 감나무 가지라든가
줄장미 줄기라든가 담쟁이 줄기라든가
가지가 담을 넘을 때 가지에게 담은
무명에 획을 긋는
도박이자 도반이었을 것이다

정끝별, 〈가지가 담을 넘을 때〉 전문

생의 순환을 바라보며

잠시 영화 〈포카혼타스〉의 사운드트랙 〈Colors of the Wind〉의 가사를 함께 살펴보며 이야기를 시작해 볼까 합니다. 좀 길지만 내용이 좋아 전문을 싣습니다.

> You think I'm an ignorant savage
>
> And you've been so many places
>
> I guess it must be so
>
> But still, I cannot see
>
> If the savage one is me
>
> How can there be so much that you don't know?
>
> You don't know
>
> You think you own whatever land you land on
>
> The Earth is just a dead thing you can claim
>
> But I know every rock and tree and creature
>
> Has a life, has a spirit, has a name

You think the only people who are people

Are the people who look and think like you

But if you walk the footsteps of a stranger

You'll learn things you never knew, you never knew

Have you ever heard the wolf cry to the blue corn moon?

Or asked the grinning bobcat why he grinned?

Can you sing with all the voices of the mountain?

Can you paint with all the colors of the wind?

Can you paint with all the colors of the wind?

Come run the hidden pine trails of the forest

Come taste the sun sweet berries of the Earth

Come roll in all the riches all around you

And for once, never wonder what they're worth

The rainstorm and the river are my brothers

The heron and the otter are my friends

And we are all connected to each other

In a circle, in a hoop that never ends

How high does the sycamore grow?

If you cut it down, then you'll never know

And you'll never hear the wolf cry to the blue corn moon
For whether we are white or copper skinned
We need to sing with all the voices of the mountain
We need to paint with all the colors of the wind
You can own the Earth and still
All you'll own is Earth until
You can paint with all the colors of the wind

당신은 내가 무지한 야만인이라고 생각하겠죠.
당신은 정말 많은 곳을 다녀 봤고요.
아마 틀림없이 그럴 거예요.
하지만 난 아직 잘 모르겠어요.
야만인인 존재가 나라면
당신은 어떻게 그렇게 모르는 것이 많을 수 있죠?
당신은 당신이 점령한 땅이 전부 당신의 것이라고 생각하죠?
대지는 죽은 것이고 그저 당신이 가질 수 있는 것이라고 생각하는 거잖아요.
하지만 나는 알고 있어요.

모든 돌과 나무, 모든 살아 있는 것들은

생명을 가지고 있고 영혼이 있고

이름을 가지고 있다는 것을요.

당신은 당신을 닮았고 비슷한 생각을 하는 사람들만 사람이라고 생각하잖아요.

하지만 낯선 이의 발자국을 따라가 보면

당신은 절대 몰랐을 것들을 배우게 될 거예요.

늑대가 가을의 보름달을 보면서 우는 소리를 들어본 적 있나요?

으르렁거리는 살쾡이에게 그 이유를 물어본 적은 있나요?

산의 다양한 목소리와 함께 노래할 수 있나요?

바람의 온갖 색으로 그림을 그려 볼 수 있나요?

숲속에 숨어 있는 소나무 길을 따라 달려 봐요.

땅에서 자란 태양 빛을 머금은 베리도 맛봐요.

당신을 둘러싼 풍요로운 것들 속에서 굴러 봐요.

한 번이라도 그럴 만한 가치가 있다는 걸 의심하지 말아요.

폭풍과 강은 내 형제들이죠.

왜가리와 수달은 내 친구들이에요.

우린 모두 연결되어 있어요.

이 끝없는 순환 속에서 이 연결된 고리는 절대 끊어지지 않아요.

플라타너스 나무가 얼마나 높이 자라는지 아나요?

그 나무를 잘라 버린다면 당신은 결코 모를 거예요.

늑대가 가을의 보름달을 향해 우는 소리도 절대 들을 수 없을 거예요.

우리 피부 색이 무엇이든 우리는 산의 목소리로 함께 노래해야 해요.

우리는 바람의 온갖 색으로 그림을 그려야 하죠.

당신은 대지를 빼앗고 소유할 수는 있겠지만

당신이 가지는 것은 그저 땅일 뿐일 거예요.

당신이 바람의 온갖 색으로 그림을 그릴 수 있기 전까지는.

가사 중 "We are all connected to each other in a circle, in a hoop that never ends" 이 부분에 주목해 봅니다. 서양의 애니메이션에서 이런 이야기를 하는 것이 낯설었어요. 삶은 순환하고 우리는 모두 연결되어 있다는 것, 이것은 동양의 시선입니다. 개인적인 이야기를 잠시 하자면, 2024년에

어머니가 돌아가셨고 해양장을 했습니다. 해양장은 화장한 유골 가루를 바다에 뿌려 고인을 보내 드리는 장례 방식입니다. 장례가 모두 끝나고 조문 와 주신 분들께 인사 겸 제가 쓴 글을 보내드렸습니다.

"어머니를 바다에 뿌려 드리고 돌아와 샤워를 하며 이상한 느낌이 들었습니다. 늘 하던 곳에서 늘 하던 샤워인데 뭔가 다르다는 느낌. 무슨 느낌일까 곰곰이 생각해 보다 알게 되었습니다. 줄이 하나 끊어진 느낌이었습니다. 허전함과 빈자리 그리고 동시에 해방감이었습니다. 더 이상 챙겨야 할 누군가가 사라졌다는 사실. 분명한 것은 그 샤워 이후 저의 삶은 달라질 것이라는 점이었습니다.

나에게 가장 큰 영향을 준 한 사람을 고르라면 부처님과 노자와 톨스토이와 베토벤을 포함해서 주저할 것 없이 어머니를 선택할 것입니다. 그런 분과의 끈이 끊어졌으니 지금까지의 나와 지금부터의 내가 달라질 수밖에 없다는 것은 자명한 일일 겁니다.

어머니의 마지막 말씀은 '걱정해 줘서 고마워, 편안해' 였습니다. 어머니는 돌아가셨습니다. 원래 계시던 곳으로 편안하게 돌아가셨습니다. 아들 일에 지장이 있으면 안 된다는 말을 입에 달고 사시던 분답게 아들에게 가장 지장이 없을 법한 날을 선택해 돌아가셨습니다.

저는 이제 툭툭 털고 일어나 다시 걸을 것입니다. 죽을 때까지 걷고 또 걷는 게 결국 사는 일일 테니까요. 그것이 한 줌의 재를 거쳐 바닷속으로 퍼져 나간 어머니가 원하셨던 것임을 잘 알기 때문입니다. 감사하다는 말이 허망할 정도로 감사합니다."

제가 하고 싶은 이야기는 이것입니다. 저는 저라는 존재가 몇 살까지 살지 모르겠어요. 제가 사는 동안에 뭉쳐져 있던 기운이 저라고 생각합니다. 그 기운은 원래 있던 것은 아닙니다. 어느 날 매우 아름다운 어떤 축복 때문에 저라는 기가 뭉쳐진 거예요. 그랬다가 80여 년을 이렇게 저렇게 살고 죽으면 다시 흩어질 겁니다. 큰 관점에서 저는 제 자신을 그렇게 봅니다. 다 흩어질 거라고 생각해요. 저를 구성했던 몸과 기운이 땅속에 묻히면 금세 구더기가 생길 겁니다. 실제로 시신을 땅에 묻으면 20분 만에 구더기가 생긴다고 하더라고요. 저라고 다르지 않겠죠. 그럼 그 구더기들이 제 몸을 먹기 시작할 거고, 제 몸을 먹은 구더기를 다른 벌레가 먹을 것이고, 그 벌레를 날아가던 새가 먹을 겁니다. 그 새는 사람이

든 더 큰 동물이든 또 다른 생명체가 먹을 거고요. 그렇게 '서클 오브 라이프'가 만들어질 거예요.

제가 미국에서 유학할 때 읽은 책 중에 철학, 현상학과 관련한 《THE SPELL OF THE SENSUOUS》라는 책이 있는데, 무척 좋았어요. 그 책에서 기억나는 내용이 있는데, 저자가 인도네시아 원주민들과 몇 년 동안 밀림 속에서 살아 보니 자기는 이해할 수 없는 행동을 원주민들이 하더라는 겁니다. 아침밥을 먹고 나면 밥을 남겨서 자기 집 근처 네 군데에 가져다 놓더래요. 먹을 게 풍부하지 않으니 밥을 남겨서 버릴 이유가 없는데요. 그들에게 왜 그러는 것인지 묻자 버리는 게 아니라 조상에게 드리는 것이라고 답했답니다. 저자는 처음에 그 말이 이해가 안 됐대요. 아니, 무슨 조상이야, 했던 거죠. 그런데 1, 2년 살다 보니 알겠더랍니다.

이들이 사는 집은 대부분 나무로 지어져 있고 이 나무집 근처에는 나무를 갉아먹는 개미들이 있습니다. 그러니 만약 음식을 집 근처에 두지 않으면 개미들이 나무집을 갉아먹을 것이고, 그러면 집이 무너질 수도 있더라는 거죠. 지혜로운 겁니다. 생각해 보면 원주민들의 조상도 세상을 떠나서 땅에 묻혔을 것이고, 그 흔적을 개미가 일정 부분 섭취했을 겁니다. 그럼 결국 그 개미들을 조상이라고 볼 수 있지 않은가,

생각해 보게 됐다고 저자는 이야기합니다. 그 이야기가 무척 인상적이었습니다.

겨울이면 아내가 새들 먹으라고 사과나 감 같은 과일을 정원에 내놓는데, 그냥 내놓지 않습니다. 밑부분과 윗부분을 좀 잘라서 내놔요. 그래야 새들이 먹기가 좋거든요. 우리가 제사 지낼 때 사과의 밑과 위를 잘라 내고 올리는 것과 똑같은 형태입니다. 그래서 새들에게 과일을 내줄 때마다 내 조상에게 차례를 지내고 있다고 생각하게 됩니다.

이런 생각이 있었기에 해양장을 할 수 있었어요. 어머님의 어떤 흔적을 물고기들이 먹을 것이고, 그 물고기가 또 다른 물고기의 먹이가 될 것이고, 그 물고기는 다시 또 무엇인가에 먹힐 것이고, 그렇게 생이 순환하지 않을까 하는 생각이 들었습니다. 그래서 이번에는 이와 같은 이야기를 담고 있는 시들을 몇 편 말씀드리고자 합니다.

 

당신의 무덤가에 패랭이꽃 두고 오면
당신은 구름으로 시루봉 넘어 날 따라오고
당신의 무덤 앞에 소지 한 장 올리고 오면
당신은 초저녁별을 들고 내 뒤를 따라오고

당신의 무덤가에 노래 한 줄 남기고 오면
당신은 풀벌레 울음으로 문간까지 따라오고
당신의 무덤 위에 눈물 한 올 던지고 오면
당신은 빗줄기 되어 속살에 젖어오네

도종환, 〈당신의 무덤가에〉 전문

도종환 시인은 아내를 먼저 떠나보낸 분입니다. 아내에 대한 그리움을 쓴 시가 유명해지며 잘 알려지게 됐죠. 무덤가에 패랭이꽃을 두고 왔을 뿐인데 사랑하는 이가 구름이 되어 나를 따라오고, 무덤 앞에 소지 한 장을 올리면 초저녁별을 들고 나를 따라온답니다. 노래 한 줄을 남기고 오면 풀벌레 울음이 되어 따라오고, 눈물을 남기고 오면 빗줄기가 되어 따라온대요. 사랑하는 사람을 떠나보내고 보니 내 주변의 것들이 사랑하는 이의 흔적이라는 겁니다. 저는 이 같은 시선이 맞다고 봅니다. 이 역시 생의 순환인 것이죠.

이 음식이 어디서 왔는가
내 덕행으로 받기가 부끄럽네

마음의 온갖 욕심 버리고

육신을 지탱하는 약으로 알아

보리를 이루고자 공양을 받습니다*

이 음식이 어디서 왔는지

나는 두려워 헤아리지 못합니다

마음의 눈 크게 뜨면 뜰수록

이 눈부신 음식들

육신을 지탱하는 독으로 보입니다

하루 세 번 식탁을 마주할 때마다

내 몸 속에 들어와 고이는

인간의 성분을 헤아려보는데

어머니 지구가 굳이 우리 인간만을

편애해야 할 까닭은 어디에도 없습니다

우주를 먹고 자란 쌀 한 톨이

* 지리산 실상사 공양간(식당) 배식대에 붙어 있는 게송이다. (원문에 참조된 각주입니다.)

내 몸을 거쳐 다시 우주로 돌아가는

커다란 원이 보입니다

내 몸과 마음 깨끗해야

저 쌀 한 톨 제자리로 돌아갈 터인데

저 커다란 원이 내 안에 들어와

툭툭 끊기고 있습니다


나는 오래된 중금속입니다

마음의 온갖 욕심 버린다 해도

이 음식으로 이룩한 깨달음은

결코 깨달음이 아닙니다

이문재, 〈지구의 가을〉 전문

　불교에서는 음식을 남기지 말라고 합니다. 쌀 한 톨, 풀 한 줄기 모두 소중하다고 하죠. 페르난두 페소아의 〈샐러드〉와 같은 맥락입니다. 〈샐러드〉에서 이야기하죠. "내 접시 위에 이 자연의 뒤섞임이란! 나의 형제들인 풀들, 나의 동료들인 샘물들"이라고요. 그러니 하루 세 번 식탁을 마주할 때마다 내 몸 속에 들어오는 다른 생명의 성분을 헤아려 보면 지

구가 우리 인간만을 편애해야 할 까닭은 어디에도 없는 것이죠. "우주를 먹고 자란 쌀 한 톨이 내 몸을 거쳐 다시 우주로 돌아가는 커다란 원이 보입니다" 이 구절 역시 서클 오브 라이프, 생의 순환입니다.

저는 제가 죽은 뒤에 제 무덤을 만들지 말라는 이야기를 자주합니다. 가끔 생각해 봅니다. 죽을 때가 되어 바다에 뛰어들면 물고기들이 나를 먹을 수 있지 않을까, 하고요. 그러면 지구에 좀 덜 미안할 것 같습니다. 평생 그 많은 생선과 많은 고기를 먹었는데 나는 돌려준 게 없으니 그렇게라도 갚으면 좋을 것 같습니다.

그런데 그 커다란 원이 내 안으로 들어와 툭툭 끊기고 있대요. 내 몸과 마음이 깨끗해야 저 쌀 한 톨 제자리로 돌아갈 텐데 그렇지 못하다는 겁니다. 또한 이 원은 돌고 돌아야 하는데 인간은 자연에 돌려주는 것이 없으니 끊어질 밖에요.


봄에 피는 꽃 중 모란이 있습니다. 서정주 시인의 〈인연설화조(因緣說話調)〉라는 시에는 모란과 한 처녀의 장대한 서사가 담겨 있습니다. 모란은 꽃송이가 크고 탐스러운 데다 무척 곱고 우아합니다. 이런 모란이 좋아하는 처녀가 있습니다. 그 처녀도 모란을 좋아하죠. 하지만 화무십일홍이라고 하듯이 예쁘게 피었던 모란이 얼마 가지 않아서 지고 맙니다. 그런데 무슨 까닭인지 모르겠지만 처녀도 오래 살지 못하고 죽습니다. 그렇게 진 모란은 말라서 재가 되어 땅속에 흩어졌고, 죽은 처녀도 시신이 묻혀 그녀의 피도 땅속에 흩어집니다.

그 후 어느 날 비가 억수로 쏟아지고 흙 속에 흩어진 모란의 재는 빗물에 휩쓸려 강으로 흘러 듭니다. 땅속에 스며든 처녀의 피도 빗물을 따라 강으로 흘러가고요. 강물에 흩어진 모란의 재는 그 강물을 마신 물고기 뱃속으로 들어갔고, 그 물고기는 처녀의 피가 스민 강물에서 헤엄을 치죠.

하늘을 날던 새 한 마리가 그 물고기를 채어 먹습니다. 처녀의 피가 스민 강물은 증발해 하늘로 올라가 그 새 곁을 지나는 구름이 됩니다. 그런데 새는 한 사냥꾼이 쏜 화살을 맞고 땅으로 떨어지고, 사냥꾼은 죽은 새를 어느 집에 팔아 버립니다. 그리고 새는 그 집 저녁상에 오르고 그 집 부부는 얼마 후 아이를 낳아 키워요.

한편 하늘 위 구름은 소나기가 되어 그 죽은 새를 사 간 집 뜰에 쏟아져 내리는데, 그 뜰에는 모란 씨앗이 묻혀 있었나 봅니다. 비가 스민 땅은 씨앗을 불리고 이내 싹이 나고 잎이

자라고 꽃대가 올라와요. 부부의 아이는 어느새 자라서 뜰에 핀 모란 꽃을 바라봅니다.

시를 천천히 따라가 보면 모란은 흘러와서 처녀가 되고, 처녀는 흘러와서 모란이 되었다는 이야기입니다. 이런 거대한 드라마를 서정주 시인은 〈인연설화조(因緣說話調)〉라는 시 한 편에 담아 둔 겁니다. 이 시는 전문을 꼭 한번 찾아 읽어 보시면 좋을 것 같습니다.


마지막입니다.


노랑제비꽃 하나가 피기 위해
숲이 통째로 필요하다
우주가 통째로 필요하다
지구는 통째로 노랑제비꽃 화분이다

반칠환, 〈노랑제비꽃〉 전문


꽃 하나가 피는데 온 우주가 다 필요합니다. 그러니 하나하나가 얼마나 고마운 존재들인지 모릅니다. 꼭 노랑제비꽃이 아니어도 됩니다. 풀 하나 잎 하나 모두 그렇게 피기까지 온 세계가 필요한 것이죠. 길가에서 마주치는 보잘것없는 여린 생명 속에 담긴 생의 순환을, 거대한 우주를 그려 보시기를 바랍니다.

4

인생을 담다

사회생활 초년생이었던 1992년도쯤에 삼성생명의 인쇄 광고를 하나 만든 적이 있습니다. 그때 제가 썼던 헤드라인이 "사는 게 만만치 않습니다"였습니다. 사는 것은 원래 만만치 않죠. 인생을 미시적으로 보면 모두 자기만의 이야기가 있겠지만 거시적으로 보면 크게 다르지 않은 것 같습니다. 태어나서 성장하고 결혼하고 아이를 낳고 열심히 살죠. 물론 결혼하지 않을 수도 있고 아이를 낳지 않을 수도 있습니다. 지금은 결혼했다는 가정 하에 그 인생을 상상해 봅니다.

한 부부가 훗날 유럽으로 여행 가자고 약속하고 여행 경비를 모았는데 어느 날 남편이 다리를 크게 다쳤어요. 여행 경비로 모으던 돈의 일부를 수술비, 치료비로 씁니다. 얼마 뒤에는 집 보일러가 고장 나고 누수가 생기는 바람에 집을 수리하느라 남은 경비 중 일부를 또 씁니다. 결국 부부는 그런 크고 작은 사건 사고를 겪으며 나이가 들고 여행은 가지 못한 채 노년을 맞습니다. 아쉽지만 이런 것이 인생이지 않을까 싶습니다.

픽사 애니메이션 〈UP〉의 도입부에는 주인공 할아버지 칼이 살아온 지난 시간이 빠르게 지나가는데요. 아내를 만나서 결혼하고 행복한 결혼 생활을 하지만, 아이를 잃고 아내는 슬픔에 빠지죠. 칼은 그런 아내에게 모험을 꿈꾸게 하고 두 사람은 꿈을 위해 경비를 모으지만 이런저런 일들로 그 돈을 쓰게 돼요. 그런 채로 나이가 들고 아내는 병들어 먼저 세상을 떠납니다. 이 부부의 일생이 약 5분 정도의 영상에 녹아 있어요. 이 이야기를 시로 표현한다면 이렇지 않을까 합니다.

웬 생시 같은 꿈!
서울로 어디로 떠나 대학생이 되는 꿈 취직하는 꿈 술 담배 배우고 여자도 배우는 꿈 자취로 하숙으로 과외선생으로 돌다가 군대 3년 푹 썩는 꿈 외국으로 유학 가서 박박 기는 꿈 돌아와 눈매 고운 여자 얻어 장가드는 꿈 그 여자와 집 장만하는 꿈 그 여자와 자식 낳는 꿈 아이 자라는 꿈 그 아이 대학생 되도록 애 끓이며 지켜보는 꿈 직장생활 여의치 않은 꿈 뒤늦게 승진하는 꿈 주식으로 한몫 잡는 꿈 다시 꼬라박는 꿈 피신하는 꿈 외로워 우는 꿈 부모님 편찮은 꿈 한 분 먼저 가시는 꿈 남은 분 모시는 일로 집안 뒤집히는 꿈 그러나 아이들 때문에 차마 갈라는 못 서는 꿈 집 넓히는 꿈 승용차 커지는 꿈 접대에 골프에 허덕이는 꿈 어느 날 명예퇴직도 하는 꿈 그러다 그러다 아내 먼저 먼 길 떠나기도 하는 꿈 처자식 뒤로 하고 가기도 하는 꿈 졸업 30주년 안내장 받는 꿈 '무슨 내라는 돈이 이렇게 많대요' 마누라 잔소리를 한쪽으로 들으면서 '아 벌써 그렇게나 됐나' 마음 아득해지는 꿈

김사인, 〈30년, 하고 중얼거리다〉 중에서

김사인 시인의 〈30년, 하고 중얼거리다〉라는 시의 일부입니다. 꿈입니다. 일장춘몽(一場春夢)이지요. 일장춘몽, 인생은 한바탕 봄 꿈 같은 것이란 뜻의 한자어입니다. 그래서 시에는 꿈이라는 단어가 등장합니다. 오늘은 이처럼 우리 인생을 담아낸 시들을 이야기해 볼까 합니다.

일장춘몽(一場春夢).

인생은 한 바탕 봄 꿈.

# 인생의 풍경

사람은 자기 안에 여러 가지 페르소나를 가지고 삽니다. 제가 조직 문화와 관련한 컨설팅을 하면서 자주 이야기하는 것이 있는데, 우리는 한 사람이 아니라는 것입니다. 우리 안에 여러 사람이 있습니다. 내 안에 내가 너무 많죠. 때로는 너무 못되기도 하고 때로는 착하기도 합니다. 이기적일 때도 있고 이타적일 때도 있고요. 그 모든 얼굴이 우리 마음속 풍경과 함께 담겨 있습니다. 이 시도 그런 이야기를 하고 있다고 생각합니다.

사람들 가슴에
텅텅 빈 바다 하나씩 있다

사람들 가슴에
길게 사무치는 노래 하나씩 있다
늙은 돌배나무 뒤틀어진 그림자 있다

사람들 가슴에

겁에 질린 얼굴 있다

충혈된 눈들 있다


사람들 가슴에

막다른 골목 날선 조선낫 하나씩 숨어 있다

파란 불꽃 하나씩 있다


사람들 가슴에

후두둑 가을비 뿌리는 대숲 하나씩 있다

―――――――――

김사인, 〈깊이 묻다〉 전문

외로움과 허전함이 누구에게나 있어요. 뭔가 했어야 했는데, 헤어지지 말았어야 하는데, 이런 사무침도 있죠. 또 누구에게나 어느 순간 올라오는 겁쟁이의 얼굴도 있고, 그 추운 겨울날 벌떡 일어나 응원봉과 깃발을 들고 여의도로 달려나가는 용기 있는 얼굴도 있습니다. 그 응원봉과 깃발이 조선낫이고 파란 불꽃이라고 시인은 표현합니다. 이게 우리 마음

속 풍경이지 않나 싶습니다.

  그런 우리 마음속 풍경이 언제 어떻게 달라지는지 알 수 있는 때가 있는데, 바로 술을 마신 다음입니다. 대개의 경우 술은 이성을 봉인 해제시킵니다. 평소에는 이성이 본심을 누르고 있는데 술을 마시면 이성이 풀어지거든요. 그러면 감정이 올라와요. 평소에 울고 싶은데 울음을 눌러 놨던 사람들이 술을 마시면 웁니다. 웃고 싶은데 웃지 않으려고 애쓰던 사람들이 술을 마시면 웃고요. 그래서 맨 정신일 때는 헤어진 연인에게 연락하지 못했는데 술 마시면 문자를 보내게 되고, 평소에는 상사에게 하지 못했던 말을 술 마시면 할 수 있게 되는 것이죠. 그러니까 누구에게나 감추어진, 묻어 놓은 마음이 있다는 겁니다.


어린애는 주먹에 쥔 빵 한 조각을 보고
노인은 제가 온 먼 곳을 본다

반칠환, 〈원시와 근시〉 전문

벤치에 할아버지와 아이가 앉아 있습니다. 그런데 아이는 자기가 먹는 빵이 너무 맛있어요. 그 빵을 바라보면서 세상에 이렇게 맛있는 게 어디 있어, 할 거예요. 다음에는 무엇을 먹을 수 있을까, 그건 무슨 맛일까, 다음에 가 보는 곳은 어떤 곳일까, 아이는 모든 것이 다 신기하고 궁금합니다. 먹고 싶고 가 보고 싶고 가지고 싶은 것도 많고요. 하지만 그 옆에 앉은 노인은 아이가 궁금해할 그 모든 것을 대부분 경험해 봤을 겁니다. 성공한 삶인지 아닌지는 알 수 없지만 더 궁금한 건 크게 없을 거예요. 그러니 노인이 바라보는 것은 손에 든 빵이 아니라 자기가 걸어온 흔적, 지난 시간입니다. 회환이라고 해야 할까요? 아이의 시선이 빵을 쥔 주먹에 닿아 있다면 노인의 시선은 지나온 먼 시간에 닿아 있습니다. 시인이 본 원시와 근시는 그런 이야기입니다.

제가 고등학교, 대학교를 다니던 시절에는 공업고등학교에 다니는 학생들은 대학을 가지 않고 취업하겠다는 뜻이 명확한 사람들이었습니다. 집안이 부유하지 않고 부모는 먹고 살기 위해 일하느라 바빠서 아이의 학업에는 크게 신경 쓰지 않는 집이 많았고, 그러다 보니 일찍부터 생업 전선에 뛰어들거나 험하게 생활하는 학생들이 꽤 있었어요. 그러면서도

대학 입시를 준비하는 인문계 학생들을 부러워하기도 하고 질투하기도 했습니다. 인문계 고등학교를 갈 수 있다는 것은 집안 환경이 좀 낫다는 이야기이고 다른 미래를 꿈꿀 수 있다는 의미이니까요. 박준 시인의 〈잠들지 않는 숲〉에는 그런 시대의 그런 삶의 풍경이 담겨 있습니다.

시의 화자인 '나'는 덤프트럭 기사의 아들이고, 한 친구는 금속 세공사의 아들이고, 또 한 친구는 아파트 수위의 아들입니다. 셋 모두 가진 게 별로 없는 고만고만한 집안의, 성적은 좋지 않고 집에서도 크게 관심 두지 않는 아이들이죠. 이 친구들은 올해 공업고등학교에 입학할 예정인데, 그래서 머리를 노랗게 염색해야 한다고 말합니다.

이 친구들로서는 집안 환경이 단시간에 나아질 거라는 희망은 없어요. 성적도 가정 형편도 인문계는 꿈꿀 수 없죠. 사는 게 뻔해 보이고 미래는 기대되지 않아요. 새봄은 왔는데 우리는 공업고등학교에 가야 하고 그 이후의 삶은 그저 그럴 것 같아요. 그런 자신들의 처지가 울적하고 답답하지 않겠습니까? 그런 상황에서 머리나 노랗게 물들여야겠다고 말하고 있어요. 이 친구들에게 고등학생이 머리카락을 노랗게 염색하다니, 하며 욕하며 혀를 찰 수 있을까요? 그들 입장에 감정을 확 밀어 넣어 보면 달리 보이게 되죠. 이런 시선이 참 대단하다는 생각이 듭니다.

    너는 금속 세공사의 아들이었고 너는 아파트 수위의 아들, 나는 15톤 덤프트럭 기사의 아들이었으므로 또 새봄이 온 데다 공업고에 가야 했으므로 우리는 머리색을 노랗게 바꿔야 했다

박준, 〈잠들지 않는 숲〉 중에서

    저희 집이 1층이라 작게 정원이 딸려 있는데 거기에 소나무 한 그루가 있습니다. 지난 겨울, 눈이 이틀 연이어 내리던 날, 한밤중에 나가서 나무에 쌓인 눈을 털어 줬습니다. 그런데도 아침에 보니 소나무 가지가 푹 꺾였더라고요. 그게 안타까웠죠. 그리고 집 뒤편에 있는 공원으로 산책을 나가 보니 눈의 무게를 못 이기고 꺾인 나뭇가지가 너무 많더라고요. 큰 나무들조차 속살을 다 드러내고 부러지고 꺾여 있었습니다. 그 나무들은 그만큼 클 때까지 얼마나 열심히 살았겠어요. 얼마나 열심히 자랐겠어요. 그런데 그렇게 폭설에 끝나 버린 겁니다. 정말 안타깝더라고요. 한편 비바람에는 꽃이

누웠다고 하네요. 김사인의 시, 〈꽃〉입니다.

시인은 비바람에 쓰러진 꽃을 보며 자기 자신을 생각합니다. "밤내 신열에 떠 있다가 나도 푸석한 얼굴로 일어나 들창을 미느니"라고 하는데 많이 아팠거나 힘든 일이 있었던 모양이에요. 그리고 말합니다. "살아야지" 하고요. 꽃에게 일어나라고, 새끼들 밥해 먹이고 학교도 보내야 하지 않느냐고 하는데, 스스로를 다그치는 말이에요. 넘어진 꽃도 일어나 다시 살았으면 좋겠고, 자기 자신도 그렇게 다시 기운 차리고 살았으면 하는 마음을 이야기하고 있습니다.


모진 비바람에
마침내 꽃이 누웠다

밤내 신열에 떠 있다가
나도 푸석한 얼굴로 일어나
들창을 미느니

살아야지

일어나거라, 꽃아

새끼들 밥 해멕여

학교 보내야지

김사인, 〈꽃〉 전문

제 경우에 빗대어 이런 상황을 상상해 봅니다. 경쟁 프레젠테이션에서 떨어지고 되는 일도 제대로 없어요. 소주 한잔하고 밤 11시, 피곤한 몸을 이끌고 지하철을 타려고 전철역으로 내려왔습니다. 늦은 시간이라 역사에는 사람이 많지 않아요. 플랫폼에 서서 지하철을 기다리고 있는데 반대편 유리창에 제가 비친 겁니다. 이런 경험은 회사 다니는 분들이라면, 일하는 분들이라면 다 있을 거예요. 이 상황에서 지하철 플랫폼에 서 있다고 생각하고 이 시를 한번 읽어 보세요.

저편 유리창 밖에 선 저 사내는 누구인가

나와 같은 옷을 입고

건너편을 노려보는 저편 사내는 누구인가

이쪽보다는 조금 더 어둡고

이쪽보다는 조금 덜 선명한

저편에 서 있는 사내는 도대체 누구인가

왜 저기에

저토록 쓸쓸해 보이는 모습으로 서 있단 말인가

거긴 춥다고

거긴 위험하다고

이리로 건너오라고

이편 밝은 공간으로 들어오라고

부르고 불러도

지하철만 타면 만나는 그 사내

언제나 저편에 서 있기만 하는

나와 똑같이 생긴 그 사내.

전남진, 〈그 사내〉 전문

연말이 가까워 오던 11월의 어느 날, 후배들과 저녁을 같이했는데 한 후배가 각자 올해 가장 행복했던 순간을 이야기해 보자고 하더군요. 다들 머릿속이 바빠지기 시작했습니다. 저는 5월의 한순간이 떠올랐어요. 아마도 어느 주말이었을 거예요. 정원에 앉아서 와인을 한 잔 마시는데 그 순간의 풍경과 소리 모든 것이 좋았어요. 그날 적어둔 메모입니다.

왼쪽 1미터 옆에서 곤줄박이 물을 튀기며 목욕을 하고 있고 오른쪽 거실에서는 글렌 밀러의 곡이 흘러나오고, 고개를 들면 장미꽃들에 내려앉은 햇살이 있고 테이블 위에는 와인잔이 있고 정원에는 부지런히 움직이는 아내가 있다. 천국의 모습은 이렇다.

벚꽃 필 때의 윤중로는 현실 세계 같지 않죠. 황지우 시인의 〈여기서 더 머물다 가고 싶다〉에 담긴 풍경은 아마도 그런 날인 것 같아요. 바람이나 비가 거세면 벚꽃이 금세 떨어질 텐데 아직 비도 바람도 없는 잔잔한 봄날입니다. 그런 날 내장사 가는 길, 벚꽃은 만개했고 아이와 함께 나온 일가족이 그 길을 지나며 꽃처럼 웃습니다. 찬란한 순간입니다. 그 풍경도, 그 풍경 속 사람들도 삶의 신산이 있는 현세가 아닌 딴 세상 사람들 같은 겁니다. 시인은 그렇게 찬란한 순간에 조금만 더 머물다 가자고 이야기하고 있는 것이죠.

펑! 튀밥 튀기듯 벚나무들,
공중 가득 흰 꽃밥 튀겨놓은 날

잠시 세상 그만두고
그 아래로 휴가 갈 일이다

눈감으면;
꽃잎 대신
잉잉대는 벌들이 달린,
금방 날아갈 것 같은 소리 ― 나무 한 그루
이 지상에 유감없이 출현한다

눈뜨면, 만발한 벚꽃 아래로
유모차를 몰고 들어오는 젊은 일가족;
흰 블라우스에 그 꽃그늘 받으며 지나갈 때
팝콘 같은, 이 세상 한때의 웃음

그들은 더 이상 이 세상 사람이 아니다.
내장사(內藏寺) 가는 벚꽃길; 어쩌다 한순간
나타나는, 딴 세상이 보이는 날은
우리, 여기서 쬐끔만 더 머물다 가자

황지우, 〈여기서 더 머물다 가고 싶다〉 전문

요즘은 망년회라는 말을 안 쓰죠? 여기에서 '망'의 한자는 '잊을 망(忘)'입니다. 한 해를 잊는다는 겁니다. 힘든 시대였으니까요. 그런데 지금은 주로 송년회라고 하는 것 같아요. 예전보다 사는 게 좀 나아진 게 아닐까 싶고, 이제는 한 해를 잊자는 의미보다 잘 보내 주자는 쪽에 더 무게를 두는 게 아닐까 합니다. 황지우 시인의 〈망년〉은 그 망년회 이야기입니다.

"망년회라고 나가보면 이제 이곳에 주소가 없는 사람이 있다"라고 하는데 이게 무슨 말이겠어요. 먼저 세상을 떠났거나 이제 연락이 끊어진 친구들이 있는 겁니다. 저도 고등학교 시절 신문반을 같이 했던 친구가 여덟 명인데, 그중 한 친구가 먼저 세상을 떠났습니다. 한 명은 이제 연락이 닿지 않고요. 그런 친구들이 주소가 없는 친구들입니다. 동창 수첩에는 벌써 정말로 졸업해 버린 놈들이 꽤 된다고도 하는데, 이 말도 같은 의미입니다.

몇 년 전 12월에 저도 고등학교 동창회에 참석했던 적이 있습니다. 이쯤 되어 동창회에 가서 보면 시에서 그리는 풍경과 크게 다르지 않습니다. 배 나오고 머리카락이 빠진 친구들이 있고, 누군가는 그 옛날 고등학교 시절 이야기를 하면서 깔깔대고요. 누구는 암이었는데 치료받고 회복하고 있다더라 하는 소식도 듣습니다. 지금 사는 깊은 속내야 알 수 없고 오랜만에 만나서 짧은 근황을 주고받고 옛 시절을 추억합니다. 말 그대로 아슬아슬한 요행일 테지만 만남조차 살아 있기 때문에 가능한 것이고 그게 삶의 특권이겠지요. 의사 친구가 술 줄여라, 담배 그만 피워라 해도 그래 그래, 흘려들으며 다시 술 마시고 담배 피우는 것처럼 한 해를 보내고 한 해를 맞습니다. 사람 사는 게 뭐 그리 대단한 게 있겠어요. 다 비슷비슷하지 않을까요. 황지우 시인이 그려낸, 한 해를 보내는 자리의 풍경입니다.

세브란스 병원 영안실 뒤편 미루나무 숲으로
가시에 긁히며 들어가는 저녁 해;
누가 세상에서 자기 이외의 것을 위해 울고 있을까
해질녘 방바닥을 치며 목놓아 울었다는 자도 있으나
이제 얼마나 남았을꼬
아마 숨이 꼴깍하는 그 순간까지도
아직 좀더 남았을 텐데, 생각하겠지만
망년회라고 나가보면 이제 이곳에 주소가 없는 사람이 있다
동창 수첩엔, 벌써 정말로 졸업해버린 놈들이 꽤 된다
배 나오고 머리 빠진 자들이

소싯적같이 용개치던 일로 깔깔대고 있는 것도
아슬아슬한 요행일 터이지만
그 속된 웃음이 떠 있는 더운 허공이 삶의 특권이리라
의사 하는 놈이, 너 담배 안 끊으면 죽는다이, 해도
줄창 피우듯이 또 한 해가 가고 또 한 해를 잊는다

황지우, 〈망년〉 전문

 

고은 시인이 비 오는 날의 한순간을 돌과 풀잎을 통해 묘사했다면 천상병 시인은 눈이 오고 비가 오는 것을 어떻게 이야기할까요? 그는 〈회상 1〉이라는 시에서 말하기를 "눈 오는 날 사랑은 쌓인다. 비 오는 날 세월은 흐른다"랍니다. 그는 눈이 오고 비가 오는 걸 보며 무엇이 쌓이고 무엇이 흐를까, 무엇이 쌓이면 좋을까, 무엇이 흘러가면 좋을까 생각했던 모양입니다. 그리고 그에 대한 답을 이렇게 찾아냅니다. 눈이 내리면 사랑이 쌓이고 비가 내리면 세월이 흐른다고요. 이 두 줄로 눈과 비가 내리는 모습에 삶을 밀어 넣고 있습니다.

다음의 시는 인천공항이 아니라 김포공항이 주 공항일 때 쓰이지 않았을까 합니다. 그 시절의 김포공항을 상상하며 한 번 보실까요?

딸년은 제 사촌들과
뉴욕행 비행기를 타고
슬슬 이 땅을 떠나 이륙하고
손바닥만 한 창으로 엄마! 아빠!
소리치며 빠이빠이 하고
밑에 남은 부모 일동도
새끼들 얼굴 창에 비칠 때마다
'오냐 잘 댕겨온나' '편지해라'
같이 소리지르며 손 흔들어대는데

한 바퀴 돌 때마다
열심히 고개 내밀고 에미 애비 찾아쌓는
그것들 보니
하이고야, 제법 그럴듯하게
코 찡하고 가슴 써늘하더라
그러다 슬며시 겁나더라야

부산행 서울행보다

뉴욕행 빠리행 타겠다고 떼쓰는 저것들

나중에 참말 뉴욕행 빠리행 해가지고

오도 가도 안하면

그때 심정 어떨까나


어디다 말도 못하고 걱정되더라

부산 금강공원

500원짜리 뺑뺑이 비행기에

딸년은 실어놓고

김사인, 〈뉴욕행〉 전문

    공항인 것 같은데 뭔가 이상합니다. 딸아이가 사촌들과 뉴욕행 비행기를 탔다는데 비행기에 탄 아이가 손바닥만 한 창 안에서 엄마 아빠를 부르고 손도 흔들고, 부모들은 그걸 보며 같이 소리 지르며 손을 흔든다니요. 게다가 한 바퀴 돌 때마다 열심히 고개를 내밀고 엄마 아빠를 찾는답니다. 가만히 헤아려 보면 공항이 아닙니다. 놀이터나 놀이공원 같아요. 아이들은 놀이기구에 올라타 있고, 부모들은 아래에서 자식들을 지켜보고 있는 것이죠.

그런데 부모는 놀이기구에 올라탄 딸아이를 보면서 저 녀석이 나중에 커서 정말 비행기를 타고 멀리 가 버리면 어쩌나, 그럼 내 마음이 어떨까 싶어요. 오지도 않은 먼 훗날에 대한 걱정을 누구에게 이야기하겠습니까? 이 시는 어린 딸아이와 부산 금강공원에 놀러 갔다가 공원에 있는 500원짜리 놀이기구에 딸아이를 실어 놓고 아버지가 하는 귀여운 생각입니다.


요즘은 카세트 테이프로 음악을 듣는 일이 거의 없죠. 예전에는 LP가 아니면 카세프 테이프였어요. 그리고 고속도로 휴게소, 재래시장에 가면 카세프 테이프를 파는 리어카, 좌판이 있었습니다. 제대로 발매된 정품 음반도 있지만 대개는 무명 가수가 유명한 곡들을 모아서 부르고 녹음한, 일종의 메들리 음반이 많았죠. 혹은 누군지도 모를 사람이 연주한 피아노 연주곡 같은 것들도 있었고요. 대개 불법으로 유통되는 것들이었습니다.

시인은 '장터 경음악 2'라는 테이프를 3천 원을 주고 샀다는데, 이것도 마찬가지입니다. 3천 원에 스물 한 곡이니, 한 곡에 142원 정도 될 것이고, 분명히 불법 유통되는 테이프임에도 불구하고 노인이 정품이라고 우기는데 먹고살기 위한 거짓말이겠지요. 비록 테이프는 불법 유통되는 것이지만 한 곡에 142원짜리, 먹고살기 위해 애쓰는 노인의 마음은 진심일 겁니다. 노인은 자기 거짓말이 옹색하지 않을 고객들을 찾아서 리어카를 끌고 술집이 많고 사람 붐비는 곳으로 갑니다. 나이 든 취객들을 찾아서요. 그런데 그 노래 제목들이 기가 막힙니다. 한번 들어보세요.

강남 뒷골목
리어카 노인에게서 삼천원짜리 가요 테이프를 샀다
스물한 곡이 들어 있는 '장터 경음악 2'
표지엔 엘비스 프레슬리를 닮은 가수의 그림이
기타를 치며 노래를 부르다 정지되어 있다
그래도 노인은 정품 테이프만 판다며
깎을 마음이 없는 내게
깎아줄 수 없다고 말했다

〈울고 넘는 박달재〉
〈울긴 왜 울어〉

〈홍도야 울지 마라〉

〈목포의 눈물〉

〈백마야 울지 마라〉

〈나그네 설움〉

〈불효자는 웁니다〉

〈눈물 젖은 두만강〉


한 곡에 백사십이 원짜리 눈물을 정품으로 흘리며
리어카는 노인을 데리고 술집 붐비는 곳으로 간다
나이든 취객들을 울리러 간다.

전남진, 〈눈물 젖은 테이프〉 전문


전남진 시인의 시 한 편을 더 볼게요. 삶의 애환과 재미있는 시선이 담긴 시입니다.

    그렇다면 내 생의 월요일은 내 생의 일요일만큼의 숫자로
      일요일의 자유를 무참히 부수는 그 모진 역할을 해내고
있는 것인데 (…)

또, 오늘이 월요일이란 사실에, 나는

　지난날 애인을 잊듯, 싱싱했던 그 연애를 잊듯, 매정했던 결별을 잊듯

　그렇게 일요일을 까마득히 잊어버리고

　다시 월요일에 감금되어 슬픈 현재를 감내하고 있는 것인데

　그래도 나는 생각한다, 내 일생이 이렇듯 일요일에 마약처럼 취했다가

　손을 부들부들 떨며 약을 구하기 위해 월요일에게 손을 내밀어

　가련한 얼굴로 또한 며칠을 버티게 되더라도, 일요일은 내게 위대하였다고.

전남진, 〈월요일은 슬프다〉 중에서

　암이나 질병, 피로, 번아웃, 과식, 과음… 이런 말에는 단어 자체에 부정의 느낌이 있습니다. 그런데 '월요일'에 무슨 부정적인 의미가 있나요? 월 화 수 목 금 토 일, 일곱 개의 요일 중 하나일 뿐이잖아요. 그런데 사람들은 월요일을 너무 미워

합니다. 그래서 단어 중 가장 억울할 것 같은 단어가 월요일이 아닐까 생각해요. 사실 내가 보낸 일요일만큼 월요일을 보내왔고, 일요일의 자유를 무참히 끝내 버리는 모진 역할을 월요일이 맡아서 해 왔는데요.

일요일이 끝나고 월요일이 되었는데 오늘이 월요일이라는 사실에 일요일의 모든 걸 잊습니다. 아니, 잊어야 해요. 마치 지난날의 연인을 잊는 것처럼, 좋았던 연애를, 매정했던 이별을 잊는 것처럼요. 그래야 월요일을 맞을 수 있으니까요. 그런 채로 월요일이라는 시간성에 묶여서 월요일에 겪어야 하는 슬픈 현재를 감내하고 있죠. 주말의 나른함을 떨쳐 내고 출근 시간에 맞춰서 출근하고, 주말에 밀린 일들을 허덕이며 처리해야 하는 현재를 어떻게든 버티고 있어요. 그래도 생각한답니다. "일요일에 마약처럼 취했다가 손을 부들부들 떨며 약을 구하기 위해 월요일에게 손을 내밀어 가련한 얼굴로 또한 며칠을 버티게 되더라도, 일요일은 내게 위대하였다고." 이 슬픈 월요일을, 이 슬픈 현재를 가련한 얼굴로 버티는 겁니다. 그래야 마약 같은 일요일이 다시 올 테니까요. 그러니까 전남진 시인은 여전히 일요일을 좋아해요. 그리고 월요일이 있어야 일요일이 올 테니 일요일은 결국 월요일에 손 벌릴 수밖에 없다고 말하고 있습니다.

이청준이라는 소설가를 아시나요? 제가 대학생이던 시절, 70~80년대에 활동하던 소설가로 영화 〈밀양〉의 원작인 단편 〈벌레 이야기〉를 쓰기도 했습니다. 그의 연작 중 《잃어버린 말을 찾아서》라는 작품은 그 시절에 정말 인상적으로 읽은 소설인데, 정치판을 보면 이 소설의 주제가 무엇인지 선명해지는 것 같아요. 가령 누군가가 "국민이 용납하지 않을 것"이라고 이야기했다고 칩시다. 그런데 국민이 용납하지 않는다는 걸 어떻게 알 수 있나요? 여기서 국민은 누구를 말하는 걸까요? 모든 국민이 그런 걸까요? 자기가 용납하지 못하겠다는 이야기를 국민에게 넘기고 있는 건 아닌가요? 이제는 구속된 한 정치인이 예전에 이런 말을 했어요. "나는 정의를 실현하고 법과 질서가 있는 세상을 만드는 것이 목표"라고요. 그런데 그 사람이 정말 정의를 실현하고 법과 질서가 있는 세상을 만들었나요? 그 사람의 말은 실제 행동과 배치하고, 그 말의 진의로부터 거리가 멉니다. 그 말에서 그 말의 진정한 의미가 떠나 버린 겁니다. 소설에 "말이 의미라는 집을 나간다"라는 표현이 나오는데, "잃어버린 말을 찾아서"는 그런 의미입니다.

그 소설에 이런 장면이 등장합니다. 두 사람이 대화하고 있는데, 서로의 이야기가 상대에게 전달되지 않고 테이블 위에 놓인 재떨이에 쌓이고 있습니다. 마음이 오가지 않는 거죠. 우리가 정치권으로부터 흔히 듣는 이야기가 바로 이런 것입니다. "국민의 이름으로 국민들이 싫어할 것이다." "정의의 심판을 받을 것이다." 다 집 나간 말들입니다. 말이 말에 배신당하고 있는 것이죠. 그런 이야기들을 임화 시인이 〈지상의 시〉라는 시에 담았습니다.

> 태초에 말이 있느니라…
> 인간은 고약한 전통을 가진 동물이다.
> 행위 하지 않는 말,
> 말을 말하는 말,
> (…)
>
> 포만의 이야기로 기아를,
> 천상의 노래로 지옥의 고통을,
> 어리석게도 인간은 곧잘 바꾸었었다,
> (…)
>
> 온전히 운명이란, 말 이상이다.
>
> 임화, 〈지상의 시〉 중에서

여러분은 무엇인가가 움직이는 걸 보고 그 속도에 주목하고 거기에서 어떤 감정을 느껴본 적 있나요? 그저 빠르다, 느리다 정도를 이야기하지 않을까 해요. 하지만 김주대 시인은 우리와는 다른 걸 봅니다. 이 시를 한번 읽어 보죠.

새벽
아버지의 칼을 피해 도망치던 어머니처럼
고주망태 아버지의 잠든 틈을 타 잽싸게 칼을 숨기던 형처럼
빠르게 지나가는 녀석의 그림자

돌아보면
모든 속도가 슬프다

김주대, 〈슬픈 속도 - 도둑고양이3〉 전문

속도가 어떻게 슬플 수 있을까요? 시인은 도둑고양이가 사람을 피해, 차를 피해 달아나는 모습을 보면서 어린 시절을 떠올린 모양입니다. 그런데 행복한 기억은 아니었던 것 같아요. 고양이가 살기 위해 쏜살같이 달아나는 모습을 보면

서 가정폭력을 휘두르던 아버지를 피해 '다급하게' 도망가던 어머니를, 술에 취한 아버지가 칼을 휘두를까 봐 그가 잠든 틈을 타 '재빠르게' 칼을 숨기던 형을 떠올립니다. 그래서 시인은 자신이 본 모든 속도가 슬프다고 하는 것이죠. 이제 길고양이가 달리는 모습을 보면 속도에 슬픔이란 형용사를 붙여 생각하게 될 것 같습니다.


걸음 앞에서
비둘기는 보폭만큼씩 피해 날았다
불안한 거리의 식사
붉고 작은 눈알을 이리저리 굴리며
보도블록에 부리를 찍는다
내 눈에는 보이지 않는 먹이가
어디에 숨어 있는 것일까
부리에 찍혀 나오는 부서진 양식들

사람들의 걸음을 피하던 비둘기가
뛰어가는 아이를 피해 차도로 날아올랐다
순간 자동차가 비둘기를 퉁 튕겼다

날개 없는 비행

마지막 비행을 마친 비둘기 위로

자동차 바퀴가 지나갔다

너무 빠른 불행은

슬퍼할 시간도 주지 않겠다는 듯

비둘기를 몇 개의 흔적으로 해체시켰다

뒤따라오던 자동차들

바퀴에 비둘기를 묻히며 사라졌다

살을 거칠게 떼어내며

비둘기는 빠르게 생략되었다

비둘기의 살점을 운구하는 자동차 소리만 윙윙거릴 뿐

사람들 잠깐 멈춰 선 거리에 조금 전 비둘기는 없다


얼마 전,

바람에 떨어진 물건을 줍던 노점상이 차에 치여 죽었다.

전남진, 〈어떤 장례〉 전문


    비둘기는 길 위에서 여기저기 기웃거리며 밥을 먹다가도 사람들이 지나가면 달아납니다. 불안한 거리의 식사입니다.

그렇게 사람을 피해 달아나던 비둘기가 차도로 뛰어들었다가 차에 치인 상황입니다. 새가 차에 치여 죽으면 그 사체가 치워지지 않고 따라오는 차들에 연속해서 깔리게 됩니다. 결국 많은 차들이 죽은 새의 몸뚱이 위를 지나가게 되죠. 그렇게 차들이 몸을 밟고 지나가면 비둘기는 원래의 형태를 잃어버려요. 시인은 그 모습을 "빠르게 생략되었다"라고 표현합니다. 슬퍼할 시간조차 주지 않는 거예요.

그런데 시인은 허망하고 처참하게 죽은 비둘기 이야기를 덤덤히 하고는, 떨어진 물건을 줍던 노점상이 차에 치여 죽었다는 말을 짧게 덧붙입니다. 비둘기의 죽음에 노점상의 죽음이 겹칩니다. 먹고살기 위해 길 위에서 일하던 노점상이 아차, 하다가 그대로 사고로 죽은 겁니다. 그의 죽음도 비둘기의 죽음처럼 빠르게 생략될 겁니다. 냉정히 말해서 노점상이 사회적으로 주목받는 사람은 아니니까요. 환영받지 못하는 비둘기와 같죠. 이 사회에서 소외된 한 사람의 죽음을 비둘기의 죽음으로 보여 주고 있는데, 그것이 낯설지 않아서 씁쓸한 풍경입니다.

흙 속에,

얼음 속에,

바람 속에,

살아 있던 것들 모두 다 꼼지락거린다만

가으내 약숫물 뜨러 다니던 그 할머니,

봄날이 저물도록 보이지 않는구나

반칠환, 〈결석〉 전문

    반칠환 시인이 그리는 봄 풍경인데, 약간의 슬픔이 있습니다. 봄이 왔고 흙 속에 얼음 속에 바람 속에 살아있는 것들 모두 다 꼼지락거립니다. 지난 시간에 봄이 얼마나 즐거운지 여러 번 말씀드렸죠. 꽃이며 잎이며 긴 겨울을 견디고 다시 살아나고, 여기저기 노랗고 붉은 꽃으로 초록 잎으로 시끄럽고, 새소리도 끊이지 않고 사람들 표정은 밝다고요. 그런데 지난 가을에 약수 뜨러 다니던 할머니가 봄이 됐는데 보이지 않습니다. 그 빈자리를 보고 그 할머니가 아마도 겨울을 넘기지 못하고 돌아가셨구나, 생각하게 되는 것이죠. 어쩌면 그냥 지나쳤을 할머니의 빈자리를 시인은 잡아낸 겁니다.

제게도 비슷한 경험이 있습니다. 어머니가 돌아가시기 전에 2주에 한 번씩 어머니를 모시고 어머니 집 근처에 있는 생태탕 집에 갔었습니다. 그 기간이 꽤 길었으니 그 가게에서 일하던 분들은 저와 어머니를 기억했을 거예요. 그러다 어머니가 돌아가시고 난 뒤에는 그곳에 가지 않고 있습니다. 이 시를 다시 읽으며 그 생태탕 집에서 일하는 분들은 '이맘 때쯤 올 사람들이 오지 않네, 할머니가 돌아가셨구나' 생각했겠구나 싶었습니다. '결석'이라는 제목을 다시 생각해 보게 되는 시입니다.


이제 박정희 시대로 갑니다. 밤에 초인종이 울리고 "누구세요?" 물었을 때 "안기부입니다" 혹은 "중앙정보부입니다" 하는 답이 돌아오면 큰일 난 겁니다. 그 사람들은 이유도 알려 주지 않아요. 그대로 끌고 가고 그걸로 끝이거든요. 그런 시대를 버티고 살아남은 어떤 할머니의 사연을 박준 시인이 주목합니다.

구청의 사회복지사가 노인복지사업차 동네 치매 노인들을 방문해 치매 정도를 확인하고 있는 모양이에요. 사회복지사가 조사 대상인 노인에게 어제 뭐 드셨는지, 지금 사는 곳이 어디인지, 가족은 어디에 있는지 같은 것들을 묻습니다. 이때 치매 정도가 심하면 지원 시간이 늘어납니다. 그래서 어떤 분들은 기억하지만 기억 못 하는 것처럼 연기를 하기도 하죠. 그래야 지원을 더 받을 수 있는 등급으로 확인되니까요. 그런 상황입니다.

 치매를 앓는 명자네 할머니는 구청 직원이 찾아오면 정신이 번쩍 돌아옵니다. 아들을 아버지라, 며느리를 엄마라고 부르기를 그만두고 아들을 아들로, 며느리를 며느리로 불러요. 이 할머니는 "오래전 사복을 입고 온 군인들에게 속아 남편이 숨은 거처를 알려주었다가 혼자가 된" 분입니다. 아까 말씀드린, 한밤중에 소리 소문 없이 잡혀 가서 이유 불문하고 사라져 버리는 일이 드물지 않던 그 시대의 이야기인 거죠. 할머니는 현재 아들을 아버지라 부를 정도의 치매 상태인데도 구청 사람들이 찾아오면 정신이 번쩍 들어요. 그 사실 자체만으로도 안타까운데, 그러다 보니 할머니는 중증 치매인데도 제 등급을 받지 못해서 제대로 된 지원을 받지 못하는 슬픈 현실이 덧붙어 있습니다.

 구청에서 직원이 나와 치매 노인의 정도를 확인해 간병인도 파견하고 지원도 한다 치매를 앓는 명자네 할머니는 매번 직원이 나오기만 하면 정신이 돌아온다 아들을 아버지라, 며느리를 엄마라 부르기를 그만두고 아들을 아들이라 부르고 며느리를 며느리라 부르는 것이다 오래전 사복을 입고 온 군인들에게 속아 남편의 숨은 거처를 알려주었다가 혼자가 된 그녀였다

박준, 〈기억하는 일〉 중에서

    장소는 외딴 시골이고 아이가 갑자기 아픕니다. 시골에서는 아프면 읍내에 있는 병원으로 가야 하는데, 이 집에 차가 없어요. 급한 마음에 엄마는 애를 업고 뜁니다. 빨리 읍내 병원으로 가야 한다는 마음으로 아이를 들쳐 업고 달리는데 집에 있던 강아지가 따라 나와 같이 뛰어요. 그런데 이 강아지가 그대로 길을 잃은 모양입니다. 그 길에 사라져서는 돌아오지 않아요. 어미 개가 있는 이웃마을에도 확인해 봤지만 그곳에서도 강아지를 찾지 못합니다.
    그렇게 사라진 강아지가 그때부터 아이 마음속에 살기 시작합니다. 아이는 커서 시인이 되었고, 어린 시절 아파서 엄마 등에 업혀 가던 순간을 기억합니다. 엄마의 가쁜 숨소리,

가슴 뛰는 소리, 등을 적신 땀 냄새, 달리는 엄마의 흔들림에 흔들려 보이던 불빛을 기억해요. 그리고 가물거리는 의식 속 뒤따라오던 강아지의 모습도요.

마릴린 먼로는 늙지 않습니다. 제임스 딘도 늙지 않죠. 그 사람들은 일찍 세상을 떠났고, 그들의 시간은 거기에서 멈췄거든요. 만약 친구들 중에서 먼저 세상을 떠난 친구가 있으면 그 친구도 그 나이, 그 시절에 멈춰 있을 겁니다. 강아지가 죽었는지 살았는지 모르지만 시인의 기억 속 강아지는 그때 그 순간에 멈춰 있을 수밖에요. 어린 나는 자라서 어른이 되었지만, 그 개는 여전히 자라지 않은 강아지로 남아 있고 영원히 늙지 않을 거예요. 시의 제목이 '늙지 않는 강아지'인 이유입니다.

한밤 갑자기 열이 오른 나를 업은
어머니를 따라 산길을 왔다는데
지금까지 돌아오지 않는다
이웃 마을 어미 개에게도 가지 않았다
그때부터 내 마음에 살기 시작한 강아지

그날 밤 어둔 산길

어머니 가쁜 숨소리 가슴 뛰는 소리

등 가득 맺힌 땀냄새 흔들리던 별빛

가물거리던 의식 속으로

그렇게 가버린 강아지

전남진, 〈늙지 않는 강아지〉 중에서

사랑의 풍경

사랑에도 유통기한이 있다는 말을 들어 봤을 겁니다. 사랑하는 사람들에게 모욕적으로 들릴 수도 있겠지만 사실인 것 같아요. 우리는 압니다. 영원한 사랑을 맹세해도 오래 가지 못한다는 것을 알아요. 그래서 누구는 눈에 콩깍지가 낄 때 예쁘게 보인다고도 하고 또 누구는 사랑을 정신의 감기 같은 현상이라고도 하죠. 감기는 잠깐 앓고 지나가는 거잖아요. 하지만 우리는 그 잠깐의 사랑이 영원하길 바라고 거기에 우리의 온 힘을 쏟아 넣죠.

한철 머무는 마음에게
서로의 전부를 쥐여주던 때가
우리에게도 있었다

박준, 〈마음 한철〉 중에서

잠시 노래 한 곡을 먼저 들어보겠습니다. 가사는 무려 자크 프레베르의 시입니다.

> 오, 기억해 주오
> 우리가 연인이었던 그 행복했던 날들을
> 그 시절 삶은 아름다웠고
> 태양은 오늘보다 뜨겁게 타올랐다네
> 죽은 잎들은 하염없이 쌓이고
> 너도 알리라, 내가 잊지 못하는 걸
> 죽은 잎들은 하염없이 쌓이고
> 추억도 회한도 그렇게 쌓여만 가네
> 북쪽에서 불어오는 바람은 그 모든 것을 싣고 가느니
> 망각의 춥고 추운 밤의 저편으로
> 너도 알리라, 내가 잊지 못하는 걸
> 그 노래, 네가 내게 불러주던 그 노래를…
> 그 노래는 우리를 닮은 노래였네
> 너는 나를 사랑했고 나는 너를 사랑했지
> 우리 둘은 언제나 함께인 둘로 살았었다
> 나를 사랑했던 너, 너를 사랑했던 나
> 하지만 인생은 사랑했던 두 사람을 갈라놓는 법

너무나 부드럽게, 아무 소리조차 내지 않고서
그리고 바다는 모래 위를 지우지
하나였던 연인들의 발자국들을

〈고엽〉이라는 곡입니다. 저는 마지막 두 줄, "바다는 모래 위를 지우지 하나였던 연인들의 발자국들을"이라는 이 부분을 무척 좋아합니다. 그렇죠. 연인 둘이서 손을 꼭 잡고 모래 위에 발자국을 내면서 가지만 파도가 한 번 쓸고 가면 다 지워지잖아요. 도종환 시인도 비슷한 이야기를 합니다.

어제 우리가 함께 사랑하던 자리에
오늘 가을비가 내립니다

우리가 서로 사랑하는 동안
함께 서서 바라보던 숲에
잎들이 지고 있습니다

어제 우리 사랑하고
오늘 낙엽 지는 자리에 남아 그리워하다
내일 이 자리를 뜨고 나면

바람만이 불겠지요

바람이 부는 동안
또 많은 사람이
서로 사랑하고 헤어져 그리워하며
한세상을 살다가 가겠지요

어제 우리가 함께 사랑하던 자리에
피었던 꽃들이 오늘 이울고 있습니다

도종환, 〈가을비〉 전문

시에는 어제, 오늘, 내일이 다 나옵니다. 사랑이 끝난 다음의 쓸쓸함을 이야기하죠. 이런 가사, 이런 시를 만나면 이렇게 사랑이 별것 아닌 걸 알면서도, 아플 줄 알면서도 우리는 왜 사랑을 계속 하는가 생각해 보게 됩니다.

사랑의 힘은 사랑하는 그 사람이 되어 볼 수 있는 힘이 아닌가 합니다. 상대에게 감정을 이입하고, 100퍼센트 그 사람입장이 되어 보고 그 사람을 배려하고 그 사람이 뭐가 필요한지를 생각해 보는 것, 그것이 사랑의 힘인 것 같아요.

  전혀 비가 올 것 같지 않은 날, 갑자기 소나기가 내릴 때 누나가 비닐우산을 들고 나와 있는 것은 이 빗속에서 동생이 어떻게 올까 걱정하는 마음이 누나에게 있기 때문입니다. 힘겹게 장사를 마치고 짐수레를 끌고 오는 남편을 아내가 마중 나와 있는 것은 종일 고생한 남편이 얼마나 힘들까, 언제쯤 올까 하는 마음이 아내에게 있기 때문이죠. 아들이 시험 치러 간 사이 어머니가 아랫목에 밥을 넣어 놓는 것은 시험 치고 돌아온 아들에게 따뜻한 밥을 내주고 싶은 어머니의 마음입니다. 아마도 그런 마음들이 사랑이지 않을까 해요.

    기별도 없이 소낙비 쏟아져 내릴 때
    군내 버스 정거장 부근에
    토란 잎처럼 피어나던 누나의 비닐우산

    들판 가득 마른 연기 번지던 가을
    짐수레가 힘겹게 고개를 올라가고 있을 때
    산 아래 흔들리던 아내의 작은 등불

입시 끝난 텅 빈 학교 운동장
아랫목에 묻어둔 공깃밥이 식어갈 때
가로등 아래 서리던 어머니의 입김

송종찬, 〈마중〉 전문

하지만 생각해 보면 위험한 사랑도 있습니다. 스토킹이 그 중 하나라면 또 하나는 대치동이 아닐까 합니다. (여기에서 대치동은 한국의 대표적인 학원가로 사회 문맥적 의미를 담아 쓴 말입니다.) 대치동에서 만나는 사랑은 너무 삼엄한 것 같습니다. 어디에선가 읽었는데 사랑을 잃는 가장 좋은 방법은 상대를 움켜잡는 것이고, 사랑을 얻는 가장 좋은 방법은 상대에게 날개를 달아 주는 것이라고 합니다. 대치동에서 만나는 사랑은 날개를 달아 주는 사랑이라기보다는 움켜잡는 사랑이라고 생각합니다.

요즘 그런 얘기가 많이 들립니다. 유치원 때부터 부모가 아이들의 공부 계획을 다 짜 준다고 하죠. 대학교 커리큘럼도 짜 주고, 아이가 무슨 직업을 선택할지도 부모가 결정해 주고요. 취직을 한 후에도 자식이 아프면 부모가 회사로 전화한다고 하더라고요. 이게 과연 사랑이라고 할 수 있을까요? 저는 이게 삼엄한 사랑인 것 같아요. 이런 사랑은 경계해야 하지 않을까요? 그런 사랑에는 아이의 날개가 좀처럼 자라지 못할 테니까요.

> 사랑이 깊으면 독재가 되더라
> 아서라 아서라
> 골백번 다짐해보지만
> 그대 안의 공화국에
> 오늘은 삼엄하게 눈이 내린다
>
> 송종찬, 〈그대의 공화국〉 중에서

제 딸이 중학생 때 가족이 다 같이 안동으로 여름 휴가를 간 적이 있습니다. 제가 운전을 했고 아내는 옆좌석에 앉았고 딸아이는 뒤에 혼자 앉아 있었죠. 그때 스키터 데이비스의 〈The End of the World〉를 틀었어요. 이 곡의 재생 시간이 4~5분 정도 되는데, 노래가 다 끝나고 딸에게 "어때?" 하고 물으니 답이 없어요. 무슨 일인가 싶어 봤더니 딸아이가 뒷

자리에서 펑펑 울고 있는 겁니다. 그 모습에 아내와 제가 너무 놀랐어요. 이 곡이 실연 당한 사람의 이야기이거든요. 웃음이 나는데 웃지는 못하고 "너 누구랑 헤어졌니?" 하고 조심스레 물었던, 그런 추억이 있는 곡입니다. 그때와 마찬가지로 노래를 듣기 전에 가사를 먼저 함께 들여다볼게요.

> Why does the sun go on shining?
>
> Why does the sea rush to shore?
>
> Don't they know it's the end of the world?
>
> 'Cause you don't love me any more
>
> Why do the birds go on singing?
>
> Why do the stars glow above?
>
> Don't they know it's the end of the world?
>
> It ended when I lost your love
>
> I wake-up in the morning, and I wonder
>
> Why everything's the same as it was
>
> I can't understand, no, I can't understand
>
> How life goes on the way it does
>
> Why does my heart go on beating?
>
> Why do these eyes of mine cry?

Don't they know it's the end of the world?

It ended when you said, "Good-bye"


왜 해는 저리 빛나는 걸까요?

왜 파도는 해안으로 밀려드는 걸까요?

당신이 나를 더 이상 사랑하지 않기에

이 세상이 끝났다는 걸 그들은 모르는 걸까요?

새들은 왜 우는 건가요?

별은 왜 빛나는 거죠?

세상이 끝난 걸 저들은 모르는 건가요?

당신의 사랑을 잃어버렸을 때 세상은 끝나버렸어요.

아침에 일어나면 난 놀라요.

왜 모든 것이 어제와 똑같은 거죠?

난 이해할 수 없어요. 난 이해할 수 없어요.

어떻게 삶이 이렇게 계속 흘러갈 수 있는지.

왜 내 심장이 계속 뛰는 거죠?

왜 눈에서 계속 눈물이 나는 건가요?

세상이 끝났다는 걸 그들은 모르는 걸까요?

당신이 "안녕"이라고 말했을 때 세상은 끝나버렸어요.

이 노래를 듣고 중학교 2학년이던 제 딸아이가 그렇게 울었던 거예요. 그 순간에 대한 기억이 선명히 남아 있습니다.

이런 심정은 누구나 살면서 적어도 한 번은 경험하게 됩니다. 부모님이 돌아가신 후, 혹은 누군가와 사별한 뒤에 내가 밥을 먹고 있다는 게 너무 이상하다, 하는 이야기를 하곤 하잖아요. 아마도 그와 같은 심정일 겁니다.

기형도 시인의 〈빈집〉도 사랑을 잃은 후의 상태를 보여 줍니다. 이 시는 "사랑을 잃고 나는 쓰네"라는 유명한 구절로 시작하죠. 시인은 연서를 쓸 때 촛불을 켜 놨었나 봐요. 늘 편지를 쓰느라 밤은 짧았고, 밤이면 창밖에 겨울 안개가 내려앉아 있었고요. 사랑을 잃었으니 이제 그 모든 것들과 이별하는 겁니다. '짧았던 밤들' '겨울 안개들' '아무것도 모르는 촛불'에게 잘 있어라, 하며 인사를 해요.

시에는 "공포를 기다리던 흰 종이들"이라는 구절이 있는데 이건 글을 써 본 사람은 다 알 것 같아요. 흰 종이를 눈앞에 뒀을 때 공포스럽죠. 뭘 써야 할지 모르겠으니까요. 지금도 흰 화면에 검은색 커서가 깜박거리면 암담합니다. 무슨 말로 글을 시작해야 할까 하고요. 심지어 시인은 망설이다가 울기도 했었나 봅니다. 그러나 사랑하는 사람과 이별했으니 공포를 기다리던 흰 종이도, 망설임을 대신하던 눈물도, 들끓던 열망도 이제는 안녕입니다. 사랑했던 사람도, 그 사람에 대한 추억도 모두 빈집에 넣어 두고 문을 닫는 겁니다.

삶을 대하는 자세

인생의 면면을 살펴보고 있으니 이번에는 삶을 대하는 자세, 역지사지의 경지를 엿볼 수 있는 시들을 만나 볼까 합니다.

늘 듣기 좋은 소리만 하는 음악방송 볼륨은
낮추는 게 좋겠다 몇 번 겪어봐서 알지만
아픈 사람이 듣기에는 너무 아픈 좋은 소리들이므로

이문재, 〈국수 생각〉 중에서

사람이 조금이라도 따뜻해지기 위한 것이 아니라면 우리가 시는 왜 쓰고 글은 왜 읽는 것이냐,라고 누군가는 말했습니다. 이 시도 같은 시선입니다. 내가 너무 힘겨울 때 곁에 있는 사람이 너무 즐거운 이야기만 하면, 방송에서 열심히 하면 된다, 힘내라 하는 이야기가 들리면 더 힘들 때가 있습니다. 나만 이렇게 아프고 힘든가, 내가 나약한 탓인가 싶고요. 그래서 듣기에 그 좋은 소리가 아픈 사람에게는 오히려 너무 아픈 소리들이라는 말입니다. 그러니 볼륨을 줄여도 좋겠다고 하는 것이고요.

여러 책에서 말씀드렸지만 저희 회사에 주니어 보드라는 것이 있는데, 여기에 참여하는 대학생들이 각자 이야기를 준비해서 발표하는 '망치'라는 프로그램을 진행합니다. 이걸 해 보면 학창시절에 왕따를 당했다거나 하는 이유로 10대, 20대 시절에 우울증을 겪은 친구들이 많다는 걸 알게 됩니다. 일상에서는 이런 이야기를 하지 않지만 이 프로그램을 계기로 자기 자신을 들여다보고, 이야기를 꺼내 놓는 친구들이 있습니다. 한 친구도 자신이 고등학생 시절에 우울증을 겪었던 이야기를 들려줬는데, 이 친구는 라디오에서 위로를 받았대요. 새벽 4시, 잠은 오지 않고 주위에는 아무도 없고 나 빼고 다들 잘 사는 것만 같은데 라디오를 듣다 보면 어딘가에 본인처럼 잠들지 못하는 누군가가 있다는 사실에 위로를 받았다고 합니다.

다른 한 친구는 자신의 친한 친구가 심한 우울증을 겪고 있다는 걸 나중에 알고서 반성했답니다. 그 친구가 힘들 때마다 힘내, 괜찮을 거야, 하고 이야기했는데 지나고 보니 이 말이 얼마나 허망한 말인지 알겠더래요. 누가 힘들다고 할 때는 힘내라, 괜찮다, 잘될 거다, 파이팅, 이런 말보다 같이 밥 먹으러 갈까? 영화 보러 갈까? 그런 말이 오히려 진정성 있는 위로였다고 하더라고요. 사실 생각해 보면 힘내라고 하는 건 해야 할 몫을 힘든 당사자에게 돌리는 거잖아요. 밥 먹을까, 영화 볼까, 하는 말은 내가 너와 함께 하겠다는 것이고요. 그래서 힘내라는 말보다 그런 말이 상대를 동굴에서 한 발짝 나오게 한다는 것이었어요. 그것이 훨씬 진정성 있는 위로라는 거죠. 이것은 제가 오히려 20대 친구들에게 배운 것입니다. 조금 더 좋은 사람이 되려면 이런 시선이 필요한 것 같아요.

〈귀천〉은 아마도 천상병 시인의 시 중 가장 잘 알려진 시가 아닐까 합니다. "나 하늘로 돌아가리라 아름다운 이 세상 소풍 끝내는 날, 가서, 아름다웠더라고 말하리라"라는 시 구절은 참 아름답죠. 그런데 그의 삶을 돌아보면 그 구절은 아름답기만 한 것이 아니라 놀랍고 가슴이 아립니다. 말씀드렸듯이 그는 터무니없이 중앙정보부에 잡혀 가서 전기 고문을 당했고 그 이후 심신이 망가진 채 거의 폐인처럼 살다가 떠난 분입니다. 가진 게 없어서 여기저기 주변 사람들의 도움으로 살았고 명절에 여비가 없어서 집에도 가지 못했던 사람이고요. 그랬던 사람이 "나 하늘로 돌아가리라 새벽빛 와 닿으면 스러지는 이슬 더불어 손에 손을 잡고, 나 하늘로 돌아가리라" 하고 이야기하는 겁니다.

시인은 삶의 덧없음을 이야기하고도 있어요. "새벽빛 와 닿으면 스러지는 이슬"이라는 구절이 있는데, 이것은 새벽이 오고 태양이 뜨면 곧 사라질 이슬 같은 우리 삶을 이야기한 것이고, 그 뒤에 이어지는 "노을빛 함께 단둘이서 기슭에서 놀다가 구름 손짓하면은"도 같은 문맥이라고 봅니다. 그리고 "아름다운 이 세상 소풍 끝내는 날, 가서, 아름다웠더라고 말하리라" 하죠. 덧없는 삶도 더불어 손을 잡고 생을 다하는 날 하늘로 돌아가서 지난 생이 아름다웠다고 말할 거라는 거예요. 삶에 대해 이런 태도를 가질 수 있다는 게 참 대단하다고 느낍니다.

천상병 시인은 평생 가난하게 살았고 잘못된 정보로 잡혀가서 전기 고문을 당하고 삶이 통째로 망가진 사람입니다. 그런 사람이 죽어서 하늘로 돌아가면서 이 삶이 아름다웠더라고 이야기하겠다고 해요. 힘겹고 고통스러운 삶이었지만

사는 것이 좋았고, 삶은 아름다운 것이었다, 하는 마음이었을까요? 시인은 살아있다는 것 자체에 의미가 있지 삶에 다른 의미를 부여하지 않는 것 같습니다.

밀란 쿤데라의 《무의미의 축제》라는 소설이 있습니다. 이 책은 쿤데라의 마지막 작품인데, 저는 제목에서 이미 할 이야기를 다했다고 봅니다. 이 책이 그의 마지막 작품이라는 것도 좋았습니다. 삶은 의미 없습니다. 내가 왜 태어났는지 묻는 것은 두뇌가 너무 발달한 사피엔스들의 망상이에요. 누구 말대로 "두뇌가 병적으로 팽창하여 미쳐버린 짐승"이 바로 우리 인간입니다. 버트런트 러셀이 이야기했어요. 신이 존재해야만 한다는 것은 상상력이 부족한 것이라고요. 우리는 그저 생명일 뿐입니다. 아스팔트를 뚫고 올라오는 풀은 삶의 의미를 따지지 않습니다. 언제 죽을지 모르지만 지금 이 순간을 사는 것뿐입니다. 하지만 삶은 분명 축제입니다. 무의미의 축제. 쿤데라도 그 이야기를 하고 있죠.

지금 이 순간이 축제입니다. 내가 숨을 쉬고 있고 이 눈으로 저 풍경을 바라보고 있고 걷고 웃고 손을 움직이고 다리를 움직여요. 좋아하는 사람들과 소통할 수 있고요. 이것이 축제가 아니면 무엇이겠습니까? 그것 외에는 의미 없습니다. 천상병 시인도 한때는 왜 내 삶은 이렇게 고통스러울까, 왜 나에게 이런 일이 일어날까, 묻지 않았을까요? 그런 물음 끝에 자신에게 닥친 시련에 대해 이제 더는 의미를 묻지 않게 된 것이 아닐까요. 그 모든 시간을 거쳐 그저 살아있다는 것으로 충분하다, 하는 마음이지 않았을까 하는 생각이 듭니다.

그러고 보니
오늘 나와 함께 태어난
내 죽음도 쉰세 살
내 죽음도 쉰세번째 가을
어서 드시게

오늘은
꾹 참고 나를 보살펴준
내 죽음과
오붓하게 겸상하는 날

이문재, 〈생일〉 중에서

생일을 맞는다면 어떻게 맞을까, 하는 시선을 시인의 관점에서 엿볼 수 있는 시였습니다. 생일을 맞았고, 생각해 보니 누군가 내 생과 같이 살고 있어요. 그게 누구인가 하면, 나와 함께 태어난 '죽음'입니다. 태어난 순간부터 죽음은 마련되어 있는 것이고, 내게 찾아오기 전까지는 죽음도 나와 같이 살고 있는 겁니다. 태어난 지 쉰 세 해가 되었으니 나와 함께 태어난 내 죽음의 나이도 쉰 셋입니다. 내가 쉰 세 번째 가을을 맞을 때 내 죽음도 쉰 세 번째 가을을 보내고 있습니다. "오늘은 꾹 참고 나를 보살펴준 내 죽음과 오붓하게 겸상하는 날"이라는 것은 죽음이 아직 나를 데려가지 않았으니 이 생일은 죽음과 함께 생일상을 나누는 날이라는 이야기입니다.


성당은 바람을 빚는 공장
두 손을 모으는 기도는 바람이 되어
견고한 벽들을 무너뜨리기도 하지

무너진 베를린 장벽에 찍혀 있는
바람의 발자국을 보았다

누군가의 바람으로 바람이 불고

바람은 태풍이 되어 장벽을 뒤흔들고

벽을 무너뜨린 것은 바람만이 아니었다
동에서 서로 꽃씨가 날리고
녹슨 철조망 위에 빗물이 맺히고

몸은 바람을 만드는 공장
두 손을 모으는 기도는 바람이 되어
겨울 궁전을 무너뜨리기도 하지

누군가 꽂아둔 촛불에 얼비치는
바람의 발자국을 보았다

송종찬, 〈바람의 발자국〉 전문

2016년 12월 3일을 기억하시나요? 232만 명이 한 장소에 모인 날입니다. 박근혜 전 대통령의 탄핵을 위해 서울과 지방에서 232만의 시민들이 광장에 모였어요. 그의 탄핵이 결정되는 데는 그날 그 많은 시민이 집결했던 것이 결정적이었다고 봅니다. 12월 3일이 왜 중요했는가 하면 그날로부터

6일 후에 탄핵소추안이 국회에서 통과되어야 헌법재판소로 가는데, 그날 탄핵소추안에 대한 투표가 있었기 때문입니다. 그날 모인 시민들의 숫자가 국회에 전달이 될 거였고요.

그런데 이게 무슨 조직이 있는 게 아니지 않습니까? 방송을 한 것도 아니고요. 그저 시민들 각자 자기가 느끼는 대로 발걸음을 옮긴 것이었어요. 저는 그날 저녁 5~6시경에 시청역에 도착했는데 지하철 1호선을 타고 역사에 내렸을 때 마주한 광경을 기억합니다. 토요일 저녁이었고, 전철에서 엄청난 인파가 쏟아져 나왔어요. 노인부터 아이들까지 정말 많은 사람들이 있었습니다. 어른 아이 손잡고, 깃발을 들고, 촛불을 들고 수많은 사람들이 역사 계단을 따라 올라가고 있었죠. 그렇게 올라가 나간 곳이 덕수궁 앞이었는데, 거기에서부터 광화문을 지나 안국역까지 쭉 따라 걸었습니다. 그만큼을 가는 데 두 시간이 걸렸어요. 센티미터 단위로 사람들이 움직여요. 그 가운데 이쪽저쪽으로 이동하는 사람들이 있죠. 화장실도 가야 하고 아이가 칭얼대니 잠시 데리고 나가야 하기도 하고요. 이럴 때 사고 나기 쉬운데 아무 일도 일어나지 않았습니다. 누구도 밀지 않고 천천히 걸어갔죠. 제가 처음 덕수궁 앞에 도착했을 때 70만 명이 모였다는 이야기를 들었는데, 한두 시간쯤 지났을 때 232만이 되었다고 하더라고요.

나중에 회사 후배들 중 한 친구에게 들은 이야기가 있습니다. 그 친구가 임신 중이었는데 집에서 TV 뉴스로 집회 소식을 보고 있었답니다. 그때 70, 80만이 모였다고 하는 걸 듣고는 자기도 모르게 옷을 주섬주섬 챙겨 입었대요. 그러고 나서 돌아보니 남편도 옷을 입고 있더라는 거죠. 그렇게 사람들이 모인 겁니다. 그 마음이 세상을 바꾼 것이고요.

제가 다른 책에서 말씀드린 적이 있는데, 1940~1950년대에 영국 〈타임스〉 기자가 한국에 와서 "이 나라에서 민주주의가 꽃 피길 바라는 것은 쓰레기통에서 장미가 피어오르길 바라는 것이다"라는 모욕적인 말을 썼습니다. 그런데 민주주의를 수입한 나라 중에서 이렇게 민주주의를 실현한 나라는 없습니다. 심지어 민주주의를 수출한 나라도 마찬가지예요. 프랑스 파리의 시위를 보면 건물 유리창이 깨지고, 최루탄이 터지고 난리입니다.

제가 그 당시 일이 있어서 집회가 있은 다음 날 경복궁을 지나치게 됐는데 믿을 수 없는 광경을 보았어요. 하루 전날 232만 명이 모였던 그 거리가 다음 날 아침에 가서 보니 조용해요. 쓰레기도 눈에 띄지 않고요. 그래서 전 세계에서 놀라는 겁니다. 이렇게 평화로운 시위로 정권이 바뀔 수 있는 것이냐고요. 그래서 저는 이 촛불의 힘을 믿습니다. 심지어

2024년 12월 3일 계엄 해제 후 윤석열 전 대통령 탄핵안 통과를 촉구하는 시위 현장.
© Paris Match

2024년에는 한발 더 나아간 것 같아요. 시위가 마치 축제와 같이 긍정적인 힘으로, 공감과 연대로 이루어졌으니까요.

"성당은 바람을 빚는 공장 두 손을 모으는 기도는 바람이 되어 견고한 벽들을 무너뜨리기도 하지"

이 시가 이야기하는 것도 그런 겁니다. 촛불 하나가 뭘 할 수 있을까요? 촛불 하나 응원봉 하나가, 한 장의 투표 용지가 뭘 하겠어요? 그런데 그 작은 힘이 벽을 무너뜨립니다. 두 손을 모아 하는 이 작은 기도가 모이고 모여 견고한 벽을 무너뜨리는 겁니다. "무너진 베를린 장벽에 찍혀 있는 바람의 발자국을 보았다"라는 것도 사람들의 바람이 모이고 모여 베를린 장벽이 무너졌다는 이야기입니다. 누군가의 바람으로 바람이 불고 바람은 태풍이 되어 장벽을 뒤흔들어요.

《아Q정전》을 쓴 루쉰이 했던 말이 있습니다. 아편 전쟁의 시대, 희망이 전혀 보이지 않는 것 같은 때에 이런 이야기를 했죠. "희망은 길이다." 맞습니다. 희망은 길입니다. 길은 한 사람이 가면 생기지 않습니다. 10명이 가도 길이 아닙니다. 하지만 이틀 동안 100명이 같은 곳을 지나가면 흔적이 남습니다. 1만 명이 지나가면 길이 됩니다. 232만이 지나가면 장벽이 무너집니다.

 우리가 사는 이 시대는 거대 시스템이 지배하고 있기 때문에 누구 한 사람의 힘으로 세상을 바꿀 수 없습니다. 대통령이 바꾸겠다고 해서 세상이 바뀌지 않습니다. 세상을 바꿀 수 있는 유일한 방법은 자기 자리에서 자기가 할 수 있는 바를 하는 겁니다. 내가 옳다고 생각하는 바를 옳게 전달하고, 동의를 구하고, 그렇게 20명이 모이고, 200명이 모이고, 다시 200명, 200명이 더 모이는 식으로 바꾸는 수밖에 없어요. 이 시는 그런 관점이 아닐까 합니다.


 적이여! 너는 내 최대의 교사(教師),
 사랑스런 것! 너의 이름은 나의 적이다.

 때로 내가 이 수학 공부에 게을렀을 때,
 적이여! 너는 칼날을 가지고 나에게 근면을 가르치었다.
 때로 내가 무모한 돌격을 시험했을 때,
 적이여! 너는 아픈 타격으로 전진을 위한 퇴각을 가르치었다.

때로 내가 비겁하게도 진격을 주저했을 때,

적이여! 너는 뜻하지 않은 공격으로 나에게 전진을 가르치었다.

만일 네가 없으면 참말로 사칙법(四則法)도 모를 우리에게,

적이여! 너는 전진과 퇴각의 고등수학을 가르치었다.

패배의 이슬이 찬 우리들의 잔등 위에 너의 참혹한 육박(肉迫)이 없었다면,

적이여! 어찌 우리들의 가슴속에 사는 청춘의 정신이 불탔겠는가?

오오! 사랑스럽게 한이 없는 나의 필생의 동무
적이여! 정말 너는 우리들의 용기다.

임화, 〈적〉 중에서

임화 시인은 사회주의 시를 쓴 사람입니다. 북한으로 넘어갔던 사람이죠. 사회주의에서는 시뿐만 아니라 모든 문학 작품이 이념에 복종해야 합니다. 만약 이념에 복종하지 않는

글을 썼다면 부르주아라고 비난받으며 자아 비판을 피할 수 없었을 겁니다. 아름다움을 최우선으로 삼았던 오스카 와일드가 이런 세계에서 글을 썼다면 사형을 당했겠죠. 그런 면에서 이 시는 사회주의 정부가 좋아했을 시라고 생각합니다. 사회주의에서는 투쟁을 해야 하고 투쟁 의지를 불살라야 하니까요.

투쟁에는 적의 존재가 불가피합니다. 적이란 무섭고 피하고 싶은 대상일 텐데, 이 시에서는 적을 선생이라고 말하고 사랑스럽다고 이야기하죠. 적을 이겨야 하니까 더 열심히 근면해져야 할 것이고 적이 있기 때문에 배울 수 있고 적이 있어서 용기를 낼 수 있다고 말하고 있어요. 심지어 작전 능력까지 적 덕분에 기를 수 있다고 해요. 그래서 적이 사랑스럽다는 겁니다. 사회주의 정부에서 보면 얼마나 좋은 시겠어요.

그런데 사실 직장 생활을 하다 보면 비슷한 생각을 하게 됩니다. 제 경우 광고일을 할 때도 마찬가지였어요. 경쟁 프레젠테이션에서 한 번 졌다고 쳐요. 그러면 프레젠테이션을 따낸 사람들에 대해 생각합니다. 그 사람들은 이걸 어떻게 성공시켰을까? 어떤 전략이었을까? 어디에 초점을 맞췄을까? 하고요. 그 다음 알아보고, 찾아보고 '아, 이런 건 배워야겠구나' 하면서 공부하고 배웁니다. 경쟁이라는 건 우리가 사는 과정에서 어쩔 수 없이 존재하는 것이에요. 피할 수 없는 일이라면 거기에서 어떤 지혜를 배우는 자세를 가지면 좋지 않을까 생각해 보는 것이죠.

천양희 시인은 〈놓았거나 놓쳤거나〉라는 시에서 세상에 확실한 무엇이 있다고 믿는 것만큼 확실한 오류는 없다고 이야기합니다. 그리고 "절대로 잘못한 적 없는 사람은 아무 일도 하지 않는 사람뿐"이라고 해요. 제가 인생을 대하는 태도입니다. 광고 일은 늘 새로운 시도를 해야 합니다. 지난번에 썼던 전략을 다시 쓰면 이미 새롭지 않아요. 그래서 후배들에게 늘 새로운 시도를 하자고 이야기합니다. 하지만 새로운 시도에는 실패가 동반될 가능성이 높으니 두렵죠. 그러니까 이미 잘 아는 길, 성공하는 방법으로 자꾸 가려고 해요. 그래서 제가 좋아하는 말이 'Better sorry than safe'입니다. 안전한 것보다 미안한 게 낫습니다. 실패해서 미안해질 수도 있지만 그 길을 가는 게 낫다, 그러니 미안해도 괜찮다는 이야기를 합니다. 그 생각을 하지 않으면 새로운 시도를 할 수 없어요.

'Casualties of the war.' 이 말도 좋아합니다. '전쟁의 사상자들'이란 말인데 전쟁을 수행하면 사상자는 생기게 되어 있습니다. 물론 최소화시켜야 하고 사상자가 발생하지 않는 게 제일 좋죠. 하지만 사상자가 없어야 한다는 전제를 두면 해야 할 일을 수행할 수 없습니다. 살다 보면 실수할 수 있고 다칠 수도 있습니다. 실수할까 봐, 다칠까 봐 아무것도 하지 않으면 그게 더 슬픈 일일 거예요.

다음의 글은 전남진 시인의 시집 《월요일은 슬프다》 속 〈시인의 말〉에 실린 글입니다.

볼품없는 모습으로,
그래서 가장 치열한 모습으로,
세상을 견뎌 나가는 모든 가난한 사람들에게
이 부끄러운 시집이 성냥불 같은 온기라도 되기를……

시인은 자기가 시를 쓰는 이유에 대해서 말합니다. 치열해야 하기 때문에 어쩔 수 없이 볼품없는 모습으로 세상을 견뎌 나가는 모든 가난한 사람들에게 이 부끄러운 시집이 성냥불 같은 온기라도 되기를 바란다고요. 이 첫 부분이 너무 좋았습니다. 폐지를 줍고 전단을 돌리고, 그렇게 하루 벌어 먹고사는 사람들에게 향수 뿌릴 시간이 어디 있겠습니까. 치장할 시간이 어디 있겠어요. 그저 볼품없는 모습으로 치열하게 하루하루를 버티는 겁니다. 그렇게 살아가는 사람들이 있는데 내가 쓴 시가 무슨 의미가 있을까 고민해 보고, 그 사람들 곁에서 자신의 시가 잠깐이라도 온기가 될 수 있었으면 좋겠다는 마음으로 시를 쓴다는 겁니다. 전남진 시인의 시 속에는 그런 시선이 담겨 있습니다.

전단 한 장 받아줄 마음 한 장 없이
나는 살았구나
가난보다 가난하게
나는 살았구나

전남진, 〈뒤돌아보면 아프다〉 중에서

길에서 전단을 나눠 주는 분들을 종종 마주칩니다. 이분들은 전단을 빨리 나눠 줘야 집에 돌아갈 수 있습니다. 그날 주어진 작업량이 있기 때문입니다. 2023년에 이루어진 한 일간지 조사로는 전단을 300장 돌리고 1만 5천 원을 받는다고 해요. 90퍼센트의 행인이 그냥 지나쳐 가지만 가난한 노인들이 그 돈을 벌려고 전단 배포 알바에 나선다고 하더라고요. 사실 그 전단, 보든 보지 않든 받아서 버리면 되는데 대부분 받지 않죠. 시인은 그 이야기를 하는 겁니다. 전단 한 장 받아주지 못할 만큼 내 마음이 가난했다고요. 그런데 저도 여전히 길에서 전단을 나눠 주는 분들을 봐도 받지 않아요. 저 역시 마음이 여기까지 이르지 못했다 싶어요.

> 무심코 계단 난간에 붙은 점자를 건드렸다
> 끼어서는 안 될 대화를 엿들은 사람처럼
> 모르는 여자의 가슴에 손이 스친 것처럼
>
> 전남진, 〈갑자기 짚은 점자〉 중에서

지하철을 타기 위해 역사 안으로 내려갈 때 계단 난간에 점자로 되어 있는 부분을 본 적이 있나요? 봤다고 하더라도 아마 별 생각 없이 지나쳤을 확률이 높습니다. 저 역시 손을 대 본 적이 없는데 이 시를 읽은 뒤에 만져본 적이 있어요. 울퉁불퉁하죠. 무슨 말인지는 알 수 없지만 점자를 아는 사람

들에게는 그 점자의 의미가 전달될 거예요. 그래서 무심코 계단 난간에 붙은 점자에 손을 댔다가 끼어서는 안 될 대화를 엿들은 것 같고, 모르는 여자의 가슴에 손이 스친 것처럼 놀랐다는 겁니다. 사람들 대부분은 그 점자를 무심코 건드린다고 해도 그냥 지나칠 거예요. 하지만 그 순간에 감정을 확 밀어 넣으면 이런 경지가 됩니다.

제가 얼마 전에 클라이언트와 회의를 하면서 세 단어를 써서 보여 준 적이 있습니다. 관찰, 통찰, 성찰. 관찰은 시인들이 보듯이 깊이 보는 겁니다. 통찰은 핵심을 파악하는 것이죠. 그런데 나이가 들수록 제일 중요해지는 것이 성찰이라는 생각이 들었어요. 윗사람이 될수록 자기를 돌아보는 시간을 많이 가져야 한다는 이야기를 나눴죠. 그때 만난 클라이언트는 모두 각 회사의 임원급들이었거든요. 저는 전남진 시인을 만나 본 적 없고 그의 시집을 통해서 알게 됐지만 그가 가진 시선이 좋았습니다.

앞서 말씀드린 것처럼 저희 집 정원에는 새들이 많이 찾아옵니다. 귤이나 해바라기 씨 같은 걸 내주면 20여 종 가까운 새들이 찾아와 밥을 먹고 가요. 그중 제일 많이 찾아오는 새가 박새입니다. 쇠박새, 진박새 종류도 여러 가지이죠. 박새의 친척인 곤줄박이도 찾아오고요. 아시는 분들도 있겠지만 박새가 정말 몸집이 작아요. 한 주먹 크기도 안 되는 그 작은 몸에 생명이 있어요. 장기도 있고 뇌도 있고요. 그 조그만 몸으로 겨울을 견딜 것 아니겠어요? 추운 밤을 보내고 아침에 찾아와 밥 달라고 지저귀기도 하는데, 그런 순간이 너무 고마워요. 한승원 시인은 〈시계〉라는 시에서 박새들의 "아프고 슬픈 사랑을 모르고 어찌 하늘과 땅의 뜻을 그 영원에 수놓을 수 있으랴" 하고 묻는데, 같은 맥락일 거라고 생각해요.

아스팔트를 뚫고 올라오는 어린 풀을 보아라.
겨울 찬 바람을 온몸으로 견디는 어린 박새들을 보아라.
모든 생명은 그저 존재하기 위해서 최선을 다할 뿐이다.

제가 《문장과 순간》에도 넣어 둔 메모인데, 이것도 그 선상에 놓인 이야기입니다. 작은 생명도 신비롭게 보는 시선, 태도가 필요합니다.

몽테뉴는 자신은 다른 사람들보다 인생을 더 잘 살아갈 수 있다고 했습니다. 모든 일에 정성을 다하기 때문이라고요. 예를 들어 잠을 자는 것과 춤을 추는 것과 책을 읽는 것 하나하나 다 정성을 다한다는 겁니다. 잠을 자는 건 중요하지 않은 일이고 책을 쓰는 건 중요한 일이니까 책을 쓰는 일에만 집중하겠다는 게 아니라, 잠자는 것도 책을 쓰는 것도 중요하고 버스 타러 가는 것도 중요하다는 거죠. 지금 순간에 하고 있는 일에 집중하겠다는 말입니다. 실제로 이렇게 사는 게 인생을 제일 잘 사는 방법입니다.

이문재 시인은 숨 쉴 때 허파에 집중하고 가슴에 있는 풍선을 분다고 생각하며 들숨 날숨에 집중하라고 해요. 밥 먹을 때 소화기관을 떠올리면 밥알 하나하나를 급히 먹게 되지 않을 겁니다. 처음 봄 소풍 가는 딸아이 도시락을 싸 주는 거라고 생각하면 음식을 대충 차리게 되지 않겠지요. 이렇게 하면 모든 순간에 온전히 존재할 수 있습니다. 지금 내가 숨 쉰다는 사실이 얼마나 숭고한 일이고 얼마나 고마운지를 알 수 있습니다. 그러면서 이 순간이 찬란해지는 겁니다. 매 순간 이렇게 살면 정말 좋은데 정말 쉽지 않아요. 하지만 노력하다 보면 조금씩 늘기는 합니다. 이문재 시인도 그런 노력을 하고 있는 게 아닐까 싶어요. 그 노력을 이런 시로 써 낸 것이고요.

숨을 들이마실 때마다
허파에 집중하며
가슴에 있는 풍선을 분다고
생각해보라.

밥을 넘길 때마다
소화기관을 떠올리며
처음 봄소풍 가는 딸아이
도시락을 싸주는 거라고

무엇인가 볼 때마다
다음 생을 위해
사진을 찍어두는 거라고

별을 올려다볼 때마다
저 별빛 중 하나가
천 년 전에 출발해
이제 막 도착하는 거라고
이제 막 지구를 스쳐가는 거라고
생각해보라.

내 몸과 나는

얼마나 멀고 가까운가.

너와 나는

얼마나 신비롭고

거룩한 것인가.

이문재, 〈아주 낯선 낯익은 이야기3〉 전문

TV를 켜는 순간 사고는 딱 멈춰 버립니다. 그리고 화면에 몰입하게 되죠. 스마트폰을 들여다보면서 나는 사라집니다. 자기 자신을 돌아볼 시간이 없습니다. 그래서 TV를 끄고, 스마트폰을 끄고 나를 켜는 시간을 가끔씩이라도 가지면 좋겠다고 생각하는데, 이문재 시인은 이렇게 이야기합니다.

텔레비전을 켜고

나는 나를 껐다.

이문재, 〈산세베리아〉 중에서

여름 오면 겨울 잊고 가을 오면 여름 잊듯

그렇게 살라 한다

도종환, 〈세월〉 중에서


수처작주 입처개진(隨處作主 立處皆眞), 제가 좋아하는 말입니다. 이르는 곳마다 주인이 되겠다고 작정하면 모든 곳에서 참될 수 있다는 뜻입니다. 내 눈앞에 보이는 것, 내가 지금 하고 있는 것이 제일 중요하다는 이야기입니다. 계절 변화도 마찬가지 같아요. 여름이 오면 온전히 여름을 살고 가을이 오면 온전히 가을을 살면 됩니다. 눈이 올 땐 눈이 오는 것에 집중하고, 가을에는 떨어지는 낙엽에 집중하고요. 결국 같은 이야기입니다. 현재를 충실하게 살라는 것이죠.


애들아 곧장 집으로 가지 말고

코스모스 갸웃갸웃 얼굴 내밀며 손 흔들거든

너희도 코스모스에게 손 흔들어 주며 가거라

도종환, 〈종례 시간〉 중에서

요즘 초등학교 아이들은 몇 살 이전에 영어를 끝내고 고등 수학을 배운다는 이야기를 들었습니다. 부모가 아이들을 서울대, 고려대, 연세대 의대에, 해외 명문대에 보내겠다고요. 하지만 아이들을 대하는 어른들의 태도가 이러면 안 되지 않을까요? 아이들을 대하는 자세는 도종환 시인의 이 시와 같아야 할 것 같거든요. 집으로 돌아가는 길, 코스모스가 잔뜩 피었으니 곧장 집으로 가지 말고 코스모스 얼굴에 꽃잎이 몇 개 있는지 들여다보고, 코스모스가 손 흔들면 너희도 흔들어 주고 오렴, 이래야 한다고 봅니다. 그래야 이 사회에 흉악한 기능인이 더는 안 나오지 않을까 싶어요.

뉴스 사회면에 종종 등장하죠. 자기 뜻대로 안 돼서 여자 친구를 때리고, 결혼할 때 생각한 만큼 경제적 지원을 해 주지 않았다고 연인을 죽였다는 사람들이 알고 보면 의사이고, 검사이고 그렇습니다. 가을에 코스모스와 손 인사를 나누고, 코스모스 꽃잎이 몇 장인지 들여다보며 자란 아이들은 그렇게 성장하지 않을 거라고 생각합니다. 아이를 키울 때 인성 교육이 먼저여야 하는데 지금 우리는 아이들에게 기능 교육만 시키고 있는 것이 아닌가 싶어요. 사람이 아니라 기능인만 키우고 있는 것은 아닌가 되돌아보게 됩니다.

묻지 마 살인과 같은 강력 범죄 사건을 들여다보면 범인 곁에 아무도 없었구나 생각한 적이 많았습니다. 자기가 의지하거나 자기를 좋아해 주거나 이해해 주는 사람이 한 명만 있으면 그런 일이 없었을 확률이 클 것 같았어요. 이정록 시인은 〈머리맡에 대하여〉라는 시에서 "진리는 내 머릿속이 아니라 머리맡에 있던 따뜻한 손길과 목소리"라고 이야기하는데, 이 구절을 읽고 이런 생각이 들었습니다. 부모이든 할머니든 친구이든 누구 한 사람만 범인 곁에 있었어도 그 사람이 그렇게까지 되지는 않았을 거라고요. 살면서 따뜻한 누군가가 곁에 있다는 것은 굉장히 중요한 일입니다. 나쁜 짓을 하려다가도 내 곁에 나를 사랑하고 믿어 주는 그 사람이 있는데, 하는 생각이 들면 차마 하지 못할 것 같거든요.


괴테의 《파우스트》에는 이런 구절이 있습니다. "이곳에 저 사랑스러운 하늘의 빛까지도 채색된 창유리를 통해 침울하게 비쳐 드는구나!" 이 문장에서 '이곳'은 서재를 말합니다. 지식이라는 필터로 걸러 보니 자연이 제대로 보이지 않는다는 이야기입니다. 하늘은 하늘의 제 빛깔이 있는데 채색된 창유리, 지식을 통해 보니 침울해 보인다는 겁니다.

정도전의 "창문 열고 편히 앉아 주역을 읽노라니 가지 끝에 흰 것 하나 하늘의 뜻을 보이는구나"라는 시를 좋아합니다. 주역은 세상의 이치를 말하는 책이죠. 정도전이 이 주역을 읽는데 창문 너머로 나뭇가지 끝에 핀 흰 벚꽃 혹은 매화가 눈에 들어온 모양입니다. 그걸 보고 저것이야말로 하늘의 뜻, 세상의 이치로구나 하고 깨달은 것이죠. 하늘의 뜻을 알려고 주역을 읽고 있는데 하늘의 뜻은 책 속에 있지 않고 가지 끝에 핀 꽃에 있다는 이야기입니다.

도종환의 이 시도 같은 이야기입니다. 시인은 우리가 뭘 알자고 여러 가지 지식을 쌓지만 그것 역시 천만 근 등불을 지고 가는 것과 같다고 말합니다. 창 하나만 제대로 열어 놔도 하늘이 전부 쏟아져 들어오는데요.

창 반쯤 가린 책꽂이를 치우니 방 안이 환하다
눈앞을 막고 서 있는 지식들을 치우고 나니 마음이 환하다
어둔 길 헤쳐 간다고 천만 근 등불을 지고 가는 어리석음이여
창 하나 제대로 열어놓아도 하늘 전부 쏟아져 오는 것을

도종환, 〈책꽂이를 치우며〉 전문

어떤 기대는 우리를 더 행복하게 합니다. 여행이 보통 그렇죠. 여행에서 제일 좋은 순간은 여행을 가야겠다고 결정한 순간이 아닐까 해요. 혹은 떠나기 전날이거나요. 막상 여행이 시작되면 피곤해지기 시작합니다. 무거운 캐리어를 챙겨서 문을 나서는 순간부터 한숨이 나와요. 출국 심사도 힘들고요. 여행지 공항에 도착해서 비행기에서 내리면 입국 심사받는 것도 스트레스가 되고, 캐리어를 찾으려면 한참 기다려야 해요. 공항 밖으로 나온 뒤에 숙소까지 가는 것도 여정입니다. 그래서 제일 좋은 건 그 여행을 기대하고 기다리는 순간이라는 생각이 들어요.

김용택 시인은 〈매화〉라는 시에서 "매화 꽃이 피면 그대가 오신다고 하기에 매화더러 피지 마라"고 했답니다. 꽃이 피면 사랑하는 사람이 온다고 했으니 그 날을 기대하며 설레는 지금 이때가 좋다는 이야기예요. 귀스타프 플로베르가 이런 이야기를 한 적이 있습니다. "누군들 삭막한 성취의 다락방에 들어가고 싶겠는가"라고요. 이 문장이 저는 너무 좋았어요. '삭막한 성취의 다락방.' 그런 심정이 아닐까 싶어요.

가만히 눈을 감기만 해도
기도하는 것이다.

왼손으로 오른손을 감싸기만 해도
맞잡은 두 손을 가슴 앞에 모으기만 해도
말없이 누군가의 이름을 불러주기만 해도
노을이 질 때 걸음을 멈추기만 해도
꽃 진 자리에서 지난 봄날을 떠올리기만 해도
기도하는 것이다.

음식을 오래 씹기만 해도
촛불 한 자루 밝혀놓기만 해도
솔숲 지나는 바람 소리에 귀기울이기만 해도
갓난아기와 눈을 맞추기만 해도
자동차를 타지 않고 걷기만 해도

섬과 섬 사이를 두 눈으로 이어주기만 해도
그믐달의 어두운 부분을 바라보기만 해도
우리는 기도하는 것이다.
바다에 다 와가는 저문 강의 발원지를 상상하기만 해도

별똥별의 앞쪽을 조금 더 주시하기만 해도
나는 결코 혼자가 아니라는 사실을 받아들이기만 해도
나의 죽음은 언제나 나의 삶과 동행하고 있다는
평범한 진리를 인정하기만 해도

기도하는 것이다.
고개 들어 하늘을 우러르며
숨을 천천히 들이마시기만 해도.

이문재, 〈오래된 기도〉 전문

시의 구절처럼 정말 가만히 눈을 감아 보고, 왼손으로 오른손을 감싸고 맞잡은 두 손을 가슴 앞에 모아 보세요. 말없이 누군가의 이름을 불러 보고, 노을 질 때 걸음을 멈춰 보고, 꽃 진 자리에서 지난 봄날을 떠올려 보세요. 시인이 말하는 바를 그대로 해 보며 가만히 거기에 머물러 보면 그것만으로도 기도하는 것처럼 느껴질 겁니다. 그리고 시인은 말합니다. "나의 죽음은 언제나 나의 삶과 동행하고 있다는 평범한 진리를 인정하기만 해도 기도하는 것"이라고요. 아침 생일상을 받으며 죽음과 겸상한다고 이야기했던 이문재 시인입니다.

힘겨운 시간을 보내는 이들에게

문은 벽에다 내는 것이다.•

이문재, 〈아주 낯선 낯익은 이야기2〉 중에서

누군가가 답이 없어, 막막해, 꽉 막힌 것 같아, 하는 이야기를 할 때 지금 그곳이 시작이라고 이야기해 주고 싶습니다. 벽에 부딪혔다고 느껴질 때 문은 어디에 내야 할지 생각해 보세요. 문은 벽에다 내는 겁니다. 뚫고 나가야 할 때 답은 멈춰 선 그 자리에서 찾아야 해요. 〈Let it be〉라는 노래 가사를 보면 그 이야기가 있죠. "There will be an answer." 어딘가에 답이 있을 겁니다. 그런 문맥의 이야기를 해 주고 싶을 때 자주 인용하는 글귀입니다.

- 간디의 직계 제자인 비노바 바베가 남긴 말을 약간 변형했다. 비노바 바베는 인도에서 토지헌납운동을 주도하며 널리 알려졌다. (원문에 참조된 각주 그대로 옮겼습니다.)

기형도 시인의 〈나리 나리 개나리〉라는 시에는 "봄은 살아 있지 않은 것은 묻지 않는다"라는 구절이 있습니다. 면접을 수십 번 보고 자소서를 수백 번을 쓰고도 통과되지 않는 어둠의 수렁 속에 있는 사람들이 많아요. 입시, 취업만의 이야기는 아닙니다. 아무리 노력해도 되지 않는 것처럼 느껴질 때가 있어요. 세상이 날 버린 것 같다고 느껴질 만큼 절망스럽고 고통스러울 수도 있습니다. 그렇지만 거기에서 포기하면 그야말로 끝입니다. 살아 있어야 해요. 내가 포기하고 놔 버리면 봄이 뒤늦게 찾아와서 "지금이야, 일어나" 하고 문 두드릴 때 답할 수 없을 테니까요. 스스로를 믿고 포기하지 말라고 이야기해 줄 때 이 시 구절을 인용하곤 합니다.


살다 보면 상처받을 수 있습니다. 하지만 그 상처로부터 새로운 무엇인가가 생겨날 수도 있습니다. 복효근 시인은 〈느티나무로부터〉라는 시에서 "돌아보면 삶은 커다란 상처 혹은 구멍인데 그것은 또 그 무엇의 자궁일지 알겠는가"라면서 그러니 섣불리 치유를 바라거나 상처를 그대로 덮으려고 하지 않아도 좋겠다고 말합니다. 간혹 우리도 그런 이야기를 합니다. 아플 때는 아플 만큼 아파야 한다고요. 충분히

앓지 않고 서둘러 잊으려 하거나 덮어버리면 나중에는 그게 안으로 곪아서 더 큰 문제가 된다고 말입니다. 어쩌면 그래서 섣불리 치유를 꿈꾸거나 덮으려 하지 않고 아플 만큼 아파도 좋겠다고 하는 게 아닐까 해요. 무엇인가로 인해, 누군가로 인해 상처받고 아파하고 있는 분들이라면 이 시 구절이 와 닿지 않을까 합니다.

긴 어둠의 봉쇄가 끝나고 닫혔던 수문이 열리기 시작할 때 살아 있다고 나도 살아 있다고 여기저기서 고개를 내밀던 풀꽃들

송종찬, 〈겨울을 건너는 법〉 중에서

제가 정말 좋아해서 후배들에게 봄맞이 메모로 써 주기도 했던 시 구절입니다. 겨울이 오면 풀이며 나무들은 모두 침묵의 시절에 돌입하죠. 모든 게 죽은 것만 같아요. 그런데 봄이 오면 여기 저기에서 연둣빛의 무엇인가가 흙을 뚫고 올라오죠. 시인은 그걸 주목한 겁니다. 긴 겨울이 끝났음을 "긴 어둠의 봉쇄가 끝나고"라고 말하고 있어요. 수문이 열리기

시작한다는 건 언 땅이 녹고 물이 흐르기 시작한다는 것이고, 이때가 되면 풀들이 살아 있다고 고개를 내밀기 시작한다는 겁니다. 봄이 올 때 여기저기에서 솟아오르는 풀들과 나무의 잎을 보고 있으면 "나 살아 있어!"라고 막 소리지르는 것 같아요. 그래서 힘든 시기를 보내고 있는 후배들, 취업 준비생들, 학생들에게 격려와 응원의 인사로 이 시 구절을 써 주곤 합니다. "긴 어둠의 봉쇄가 끝나고 닫혔던 수문이 열리기 시작할 때"가 반드시 올 것이기 때문입니다.


아침에는
운명 같은 건 없다
있는 건 오로지
새날
풋기운!

운명은 혹시
저녁이나 밤에
무거운 걸음으로
다가올른지 모르겠으나,

아침에는

운명 같은 건 없다

―――――――
정현종, 〈아침〉 전문

만약에 제가 어떤 스타트업을 시작했고, 그래서 사무실을 새로 열었다면 이 시를 써 놓을 것 같습니다. 어떤 일을 막 시작했거나 새로 취업을 했거나 새로운 파트너십을 맺었다고 하더라도 이 시를 써 놓지 않을까 싶고요. 아침에는 운명 같은 건 없어, 운명은 저녁 때쯤 있을 수 있겠어, 지금부터는 다 우리가 만드는 거지, 새로 해 나가면 되는 거지, 이런 마음이 드는 거죠. 무슨 일이든 새로 시작하는 사람들의 마음을 붙들어 줄 수 있지 않을까 싶습니다.

같은 맥락으로 취업 준비생이나 힘들어하는 후배들에게 자주 들려주는 시 구절이 있습니다. "새벽은 예감(豫感)하는 눈에게만 빛이 된다." 정한모 시인의 〈새벽〉이라는 시의 한 구절입니다. 간혹 만나게 되는 젊은 친구들 중 "50번이나 면접을 봤는데 다 떨어졌어요, 아무것도 안 될 것 같아요." 같은 이야기를 하는 이들이 있습니다. 그런 친구들에게 들려주는 시 구절이에요. 지금이 가장 어두운 때입니다. 해 뜨기 전이 가장 어둡거든요. 다들 이 시기가 지나고 나서 돌아보면 지금 이때가 해 뜨기 직전이었구나 할 겁니다. 그러니 지금 너무 어둡다고만 생각하지 말자, 뚫고 나가자 하는 격려를 이 시 구절에 담아서 전하곤 합니다.


 젊은 사람들이 슬럼프를 겪고 번아웃을 겪으며 힘들다고 이야기하곤 하는데, 이것은 개인의 문제가 아닙니다. 이 사회가 젊은 사람들을 그렇게 몰아 가고 있습니다. 끝날 때까지 끝난 게 아니라는 어느 유명한 야구 선수의 말을 인용하며 젊은 사람들을 몰아 세웁니다. 너가 더 열심히 해야 해, 더 노력해야 해, 집요하게 매달려 봐, 안 되는 게 어디 있어, 더 열심히 하면 될 거야, 힘내, 할 수 있어, 이런 식이죠. 사람들은 그런 말에 휩쓸리고 내몰린 채 죽어라 달려 가다가 어느 순간에 이르면 너무 지쳐서 번아웃을 겪습니다. 그래서 제가 이 이야기를 많이 합니다. 그 어떤 것도, 가족을 포함한 그 누구를 위해서도 내가 다치면서까지 해야 하는 일은 없다고요.
 왼손에는 끝날 때까지 끝난 게 아니라는 불굴의 정신을 쥐고, 오른손에는 이 문장을 들고 다니라고 이야기해 주는 문장이 있습니다. "지나간 것은 지나간 것이요, 닿지 않는 것은 닿지 않는 것이다." 이 문장은 박목월 시인의 시 〈가교〉의 "지나온 것은 지나온 것이요, 닿지 않는 것은 닿지 않는 것이다"라는 구절을 조금 바꾼 것입니다.

최선의 노력을 다하는 것은 좋습니다. 그렇지만 닿지 않을 때가 있고 닿지 않는 것이 있습니다. 최선의 노력을 다하면 이루어질 거다, 간절히 원하면 온 우주가 널 도와줄 거다, 하는 말은 말도 안 되는 이야기입니다. 우주는 우리에게 관심이 없죠. 우주가 어떻든 우리는 그저 열심히 최선을 다하고, 닿지 않으면 내려놓을 뿐입니다. 'Let it go'인 것이죠.

김사인 시인의 〈춘곤〉이라는 시도 같은 문맥이라고 봅니다. 사람 사는 일이 다 그렇다는 겁니다. 세월 가는 게 그렇고, 하는 일들이 닿을 것 같은데 때로는 닿지 않고 이루어질 것 같은데 이루어지지 않아요. 최선을 다했는데 안 되는 건 안 되는 겁니다. 그렇게 놓고 가는 마음도 있어야 합니다.

다만 이 말을 착각하면 안 돼요. 최선을 다하지 말라는 이야기가 아닙니다. 최선을 다했지만 어느 순간 이건 나와는 닿지 않는 무엇이구나, 이 인연은 나와는 안 되는 인연이구나, 이 프로젝트는 나에게는 닿지 않는 거구나, 하고 내려놓을 때는 내려놓고 흔쾌히 털고 일어나야 번아웃이 오지 않는다는 이야기입니다.

사람 사는 일 그러하지요

한세월 저무는 일 그러하지요

닿을 듯 닿을 듯 닿지 못하고

저물녘 봄날 골목을

빈 손만 부비며 돌아옵니다

김사인, 〈춘곤〉 전문

**마지막 시입니다.**

버려야 할 것이
무엇인지를 아는 순간부터
나무는 가장 아름답게 불탄다

제 삶의 이유였던 것

제 몸의 전부였던 것

아낌없이 버리기로 결심하면서

나무는 생의 절정에 선다


방하착(放下着)

제가 키워온,

그러나 이제는 무거워진

제 몸 하나씩 내려놓으면서


가장 황홀한 빛깔로

우리도 물이 드는 날.

도종환, 〈단풍 드는 날〉 전문

떠나야 할 때를 알고 떠나는 사람의 모습은 아름답다는 이야기를 많이 들어 봤을 겁니다. 하지만 솔직히 쉽지 않죠. 욕심은 끝이 없으니까요. 하지만 단풍은 우리와는 다릅니다. 생의 절정에서 눈부시도록 붉게, 노랗게 물이 들었다가 미련 없이 툭! 떨어집니다. 방하착(放下着), 내려놓는다는 말입니다. 법정스님은 '산뜻한 낙화'라고 표현했습니다. 도종환 시인은 시로 그 이야기를 하고 있습니다. 제때에 놓아야 아름다울 수 있습니다. 제때에 내려놓아야 이로울 수 있습니다. 우리의 삶도 이럴 겁니다. 우리도 언젠가는 내려놓아야 할 것이고 버려야 할 겁니다. 저나 여러분 모두 그런 때가 오면 유연하게 방하착했으면 좋겠습니다.

네 번에 걸쳐서 이런저런 방향으로 시에 대해 말씀을 드린 것은 마중물로 봐주시면 좋을 것 같습니다. 감정을 밀어 넣어서 읽어 보세요. 그 시를 쓴 사람이 활자에 묶어둔 봉인을 해제하려고 노력해야 합니다. 그러지 않으면 시는 제대로 읽히지 않습니다. 그러나 그 봉인을 해제했을 때 보게 되는 세계는 찬란합니다. 7, 8줄로 한 장면이 펼쳐지는 세계가 또 어디 있겠습니까. 사실, 영화를 보는 것보다 나의 상상으로 채울 수 있기 때문에 즐거움이 더 클 수 있습니다. 여러분도 기꺼이 이 즐거운 세계를 만나 보면 좋겠습니다.

시집들
: 이 책에 언급된 시가 실린 시집과 책.

고은, 《순간의 꽃》, 문학동네, 2001

기형도, 《기형도 전집》, 문학과 지성사, 1999
〈안개〉〈백야〉〈조치원〉〈빈집〉〈위험한 가계·1969〉〈나리 나리 개나리〉
단편〈겨울의 끝〉

김사인, 《가만히 좋아하는》, 창비, 2006
〈풍경의 깊이〉〈노숙〉〈조용한 일〉〈늦가을〉〈30년, 하고 중얼거리다〉
〈뉴욕행〉〈깊이 묻다〉〈꽃〉〈옛 일〉〈춘곤〉

김사인, 《시를 어루만지다》, 도서출판 b, 2013
김종삼, 〈묵화〉
김주대, 〈슬픈 속도-도둑고양이3〉

도종환, 《담쟁이》, 시인생각, 2012
〈세월〉〈당신의 무덤가에〉〈가을비〉〈책꽂이를 치우며〉〈지는 동백꽃을 보며〉
〈꽃나무〉〈종례시간〉〈다시 가을〉〈연두〉

박준, 《당신의 이름을 지어다가 며칠은 먹었다》, 문학동네, 2012
〈기억하는 일〉〈마음 한철〉〈천마총 놀이터〉〈문병〉〈잠들지 않는 숲〉
〈누비 골방〉

반칠환, 《웃음의 힘》, 지혜, 2005
〈노랑제비꽃〉〈웃음의 힘〉〈봄〉〈딱따구리〉〈때 1〉〈문 열사〉〈결석〉
〈하루살이〉〈시치미〉〈호수의 손금〉〈폐정〉〈원시와 근시〉

서정주, 《미당시전집1》, 민음사, 1994
〈자화상〉〈인연설화조〉〈바위와 난초꽃〉

송종찬, 《첫눈은 혁명처럼》, 문예중앙, 2017
〈그대의 공화국〉〈겨울을 건너는 법〉〈바람의 발자국〉〈0°C에 내리는 눈〉
〈마중〉〈맨발〉

윤동주 외, 《내 인생에 힘이 되어준 시》, 북카라반, 2016
도종환, 〈단풍 드는 날〉
이정록, 〈머리맡에 대하여〉
복효근, 〈느티나무로부터〉
천양희, 〈놓았거나 놓쳤거나〉

이문재, 《제국 호텔》, 문학동네, 2004
〈신새벽에 나를 놓다〉〈광화문, 겨울, 불꽃, 나무〉〈민들레 압정〉〈입춘〉
〈지구의 가을〉

이문재, 《지금 여기가 맨 앞》, 문학동네, 2014
〈오래된 기도〉〈봄날〉〈큰 꽃〉〈정말 느린 느림〉〈국수 생각〉〈생일〉
〈산세베리아〉〈허리에게 말 걸기〉〈사랑이 나가다〉
〈아주 낯선 낯익은 이야기 2〉〈아주 낯선 낯익은 이야기 3〉

임화, 《해협의 로맨티시즘》, 아티초크 빈티지, 2015
〈적〉 〈지상의 시〉

전남진, 《월요일은 슬프다》, 문학동네, 2021
〈눈물 젖은 테이프〉 〈어떤 장례〉 〈뒤돌아보면 아프다〉 〈검은 흙〉
〈갑자기 짚은 점자〉 〈숫자와 싸우다〉 〈그 사내〉 〈월요일은 슬프다〉
〈문상 가는 길〉 〈산촌의 밤〉 〈꿈꾸는 쟁기〉 〈초등학교 운동장에서〉
〈늙지 않는 강아지〉

천상병, 《주막에서》, 민음사, 1995(2판)
〈회상 1〉 〈아가야〉 〈귀천〉 〈한낮의 별빛〉 〈만추〉 〈소릉조〉

페르난두 페소아, 〈샐러드〉, 《시는 내가 홀로 있는 방식》, 민음사, 2018

함민복, 《우울씨의 일일》, 문학동네, 2020
〈콧구멍 속으로 소 혓바닥 더 자주 들어가고〉 〈지구의 근황〉 〈펭귄〉
〈실이 바늘을 그리워하며〉

황지우, 《어느 날 나는 흐린 주점에 앉아 있을 거다》, 문학과 지성사, 2013
〈여기서 더 머물다 가고 싶다〉 〈망년〉

우연히 마주친 시들
김용택, 〈매화〉, 《달이 떴다고 전화를 주시다니요》, 마음산책, 2021
정끝별, 〈가지가 담을 넘을 때〉, 《삼천갑자 복사빛》, 민음사, 2005
정현종, 〈아침〉, 《광휘의 속삭임》, 문학과지성사, 2008
조향미, 〈국화차〉, 《그 나무가 나에게 팔을 벌렸다》, 실천문학사, 2006